社長になりたかった僕が小さな造園会社の社長になるまで

マタケ造景株式会社社長
真武弘延。

花乱社

装丁　前原正広

まえがき

このたび還暦を迎え、「自分史」を出版することになりました。

二〇一三年にブログを始めましたが、学生時代から国語は苦手な分野な上、読書をするタイプでもありませんでした。しかし、SNSの時代が訪れて、周りの社長さんを見ると積極的に取り組んでおられたので、私も手始めにと思い、苦手な分野と分かってはいましたがブログを始めてみることにしました。

気が付けば今年で十年になりますが、週一回は欠かさずアップしてきました。

未だに上手とは言えない、つたないブログで、見ていただいている方には恐縮していますが、そんなブログでも、最初に書いた「自分史」は一部の方から面白いと好評を得ましたので、調子に乗り書き進めました。すると、内容はどうあれ文章を書くことが習慣となり、書くことの苦手意識は少なくなりました。そして、書き溜めたものを本にできないかと思ったのが最初のきっかけです。

しかし、このような本を読む人がいるのかという思いにもなりましたので、目的を、創業者がどのような生い立ちで、どのような経験を経て現在があるのかを、まずは自社の従業員やその中から生まれるであろう次世代の経営者に伝えることで、何かしらの「道しるべ」になるのではないかということに設定しました。

さらに、私が取り組んできた「ランチェスター戦略」の研究では、「経営の原理・原則」をしっかりと勉強し研究することが、今後の経営においても非常に大切であることも伝えたい、という思いになりました。

しかし、そのような思いで執筆を進めていますと、私たちの造園業界も世代交代が進み、若い経営者がこれからの経営に頭を痛めている、という話が耳に入ってきました。

私も非常に厳しい経営環境で独立しましたので、軌道に乗るまでの数年は我武者羅《がむしゃら》に働くだけで、何とか少し落ち着いた頃に「この先どのように経営を進めればよいか、次に打つ手が分からない」という思いに至りました。当然のことだと考えました、経営の勉強や研究に取り組んだことは皆無に等しかったからです。

そんな折、取引銀行の支店長から一冊の本を紹介していただき出会ったのが、「ランチェスター戦略」でした。紹介された本を読むと、まさに目からウロコが落ちる内容でしたので、すぐに著者である竹田陽一先生のセミナーに参加すると、期待通りの内容でした。小さな会社に特化した「ランチェスター法則・弱者戦略」は、勉強すべきことがたくさん詰まっており、継続して学びながら研究を進めることにしました。

　それから約二十年が経ちましたが、紆余曲折ありながらも少しずつ成長して参りました。私自身は造園技術も磨いて参りましたが、経営者として「ランチェスター戦略」を造園業に落とし込んできた経験を、次世代の経営者にお伝えすることで、業界の発展に繋がればという思いもあります。

　この本には、これまで造園業界に約四十年間携わってきた私が、どのような時代にどのようなご縁があり今に至ったのか、さらにはどのような経験や勉強をして経営を営んできたのか、失敗談もたくさん書いていますので、何か一つでも参考になるようでしたら嬉しく思います。

　また、冒頭に書きましたように、ブログで「自分史」を書き始めたことが今回の出版のきっかけともなりましたので、「自分史」部分も抜粋して収録しました。そのため幼少時代から学生時代、どうでもいいようなプライベートな話もたくさん出てきますが、色々な境遇から繋がってくるところもありますので、気になる部分だけでもお読みいただけると幸いです。

二〇二四年一月

真武弘延。

社長になりたかった僕が
小さな造園会社の社長になるまで

❖目次

第5章 第二創業者

第1章　原点

1　誕　生

一九六三（昭和三十八）年九月二十一日、私は宗像郡宗像町（現宗像市）の自宅にて、姉二人、兄一人の四人兄弟の末っ子として生を享《う》けました。長女は十六歳、次女は十三歳、長男は十歳、両親にしてみれば十年後のまさかの出来事でした。

私が誕生する時の家族は、父三十九歳、母四十歳、祖母六十歳と三人兄弟の六人家族で、六十軒程度の小さな農村で兼業農家を営んでいました。決して裕福な家庭とは言えず、農業のかたわら父は北九州の製鉄所に勤務し、母も土木の仕事に行き、祖母は野菜や漬け物を作って行商していたようです。

そのような状況の中で生まれてきた私ですから、後から色々なエピソードを聞かされました。

四十歳を前にして妊娠が判明した母は、子を授かった喜びより恥ずかしさの方が先で、もちろん経済的なことにも悩み、農作業の帰り道に田んぼの畦《あぜ》（田と田の間に土を盛り上げて作った仕切り）から何度も飛び降りたそうですが、私は必死に〝しがみついて〟いたようです。これが私にとって最初の試練だったと思います。

そうした日々を送っていた母ですが、妊娠したことを祖母に打ち明けたところ、信仰心の篤《あつ》い祖母は、「せっかく授かったのに、無茶なことをしちゃいかん。ちゃんと意味があって生まれてくるのだから」と言って母を納得させたそうです。助かりました。祖母のお陰で私はこの世に存在することになったのです。

四十代の頃に重い病を患った祖母は、その病を克服するために信仰を始めたと聞いていますが、その関係で鹿児島の霧島神宮にご縁があり、神宮にゆかりのある方より私の名前を付けていただいたようです。祖母も母を説得した手前、責任を感じてお願いしたのだと思いますが、なにより立派に育ってほしいという思いが強かったようです。

命名「弘延」、特段名前のいわれを教わることはありませんでしたが、祖母からは、「あなたは立派な人に名前を付けられたのだから、立派な人になれますよ！」と、普段からよく言われていました。

後に、弘法大師の「弘」と延暦寺の「延」をとって付けたのではという説もありましたが、そんなたいそうな由来だったのかは未だに不明です。

今になって考えると、これは祖母によるピグマリオン効果（人から期待されると、意識している、していないに拘らず、その期待に応えようとすること）に間違いありません。思い返せば、悪さや失敗をしても、祖母はいつも「大丈夫よ、あなたなら大丈夫」と言ってくれていました。

名前の由来をもっと詳しく聞いておけばよかったと思う今日この頃ですが、祖母からのピグマリオン効果に応えるべく、単純に頑張る前向きな子に育っていたようです。素晴らしい名前を付けてもらって感謝しています。

めでたく誕生し、立派な名前を付けてもらった私ですが、両親は朝から仕事に行き、兄姉はもちろん学校に行き、祖母も朝から商いの準備や畑仕事をしていたので、どうやら誰も私の面倒を見る人がいなかったようです。

午前中はほとんど寝かされていて、昼に祖母が戻って来ると、なぜか玄関の土間に落ちていたり、少し大きくなると五右衛門風呂の中で溺れかけていたこともあったそうです。いつもたんこぶを作っていた幼児期だったせいか、お陰さまで未だにおつむは悪く、後頭部はゼッペキですが、身体だけは逞しく育ったようです。

2　ばあちゃんの商い

三歳頃になると、祖母は私をリヤカーに乗せて商いに連れて行っていたようです。

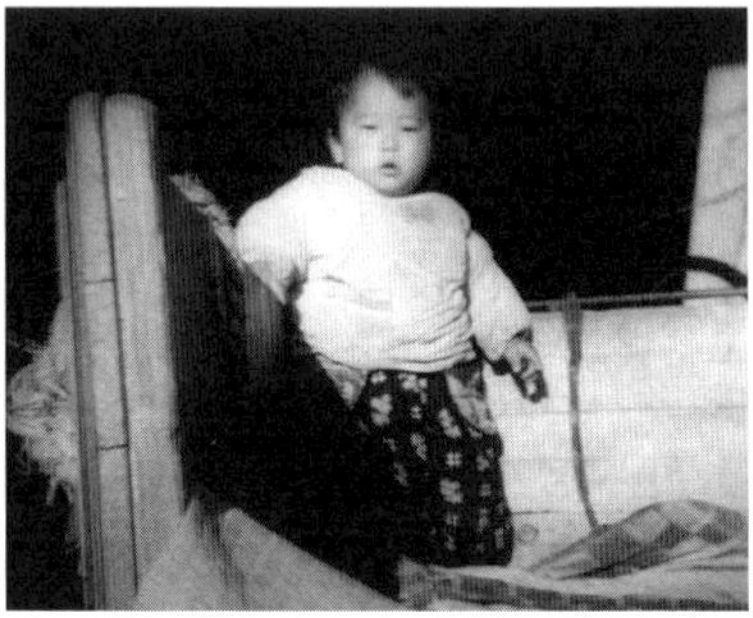

リヤカーに乗った私

リヤカーを引いて三十分位すると、江戸時代の唐津街道の宿場町で赤間《あかま》という所があります。街並みには、造り酒屋に薬局、駄菓子屋さんにうどん屋、床屋さんなどがあり、賑やかな街並みでした。

この街並みを歩き進み、お得意さんに声を掛ける手法が「ばあちゃんの商い」です。一番人気の商品は高菜の漬け物で、とても美味しくてすぐに売り切れます。その他にも、奈良漬け、大根葉の漬け物、とにかく漬け物はどれも美味しくて、「漬け物ばあちゃん」とも言われていたそうです。

リヤカーに漬け物や野菜と一緒に同乗している私は、マスコット・ボーイとして笑顔をふりまいていたようです。お客様からは「笑顔がとってもいいね」と言われていたとか。ばあちゃんの漬け物が飛ぶように売れたのは、マスコット・ボーイはさておき、祖母の笑顔と手作りの商品群が素晴らしかったのだと思います。今思えば、地域戦略、商品戦略、顧客戦略、接近戦など、私はすでにこの時に経営戦略の基礎を学んでいたようです。

この赤間宿ですが、二〇一三年の本屋大賞第一位『海賊とよばれた男』(百田尚樹著)でも紹介された、あの出光興産の創業者・出光佐三翁の生誕地で、今でも生家があります。ここで商売の手伝いをさせてもらったと思うと、大変光栄なご縁に感謝です。

そして、もう一人、有名人がいましたのでご紹介します。

赤間宿に隣接して福岡教育大学がありました。この大学出身者には武田鉄矢氏がいて、学園祭の時に海援隊凱旋コンサートがあり、観に行きました。当時、兄の部屋からはいつも「母に捧げるバラード」が流れていて、「コラッ！　テツヤ！」のフレーズがとても好きでしたね。

その武田鉄矢氏とはその後、不思議なご縁がありました。

約二十年後、仕事で知り合った建設会社の社長さんが、武田鉄矢氏の初恋の人の旦那さんというからビックリです。帰郷された時はよく食事をするとのことで、社長ご夫妻とコンサートの後の食事会にご招待いただき、その上、何曲か歌を披露いただいてとても感動したことを思い出します。

赤間宿からかなり話は飛んでしまいましたが、「ばあちゃんの商い」には不思議なことがいっぱいありました。

お菓子やプラモデルをおねだりしてよく買ってもらいましたが、当時はレシートがあるわけでもないので、その都度メモをしなければお金の管理ができないと思うのですが、そんなそぶりはありません。商いの商品もいくつか種類があり、量り売りのため金額も様々だったはずですが、特に記帳をしている様子はなかったように思います。

当然、そんなことを観察する子供ではありませんので実情は分かりませんが、驚くことに財布の中身を一円も違うことなくいつも把握していました。商い中に祖母の財布から十円でも拝借しようものなら、「あら、十円足りない」と言うからビックリです。そんなわけですから、祖母には顔色を見ながらおねだりするしかなかったですね。

後で考えますと、商売には大切な金銭管理がしっかりできていたのでしょうね。どこかに帳簿があったのか、それとも脳みそに記帳していたのか、どんぶり勘定の私には見習うことがいっぱいでした。

しばらくして祖母は、体力もさることながら視力もかなり落ちたようで、家で食べる程度の漬け物作りはしていましたが商いはやめることにしたようです。

そして信仰の道に力を入れるようになり、色々な方に「人の道」について語っていました。自宅にはよくお客さんが来られて、そんな話を遠からず聞いていましたので、ここから新たな影響を受けることになったと思います。

今思えば、経営者としての大事な心構えを刷り込んでもらったのかもしれません。

祖母が商いをやめてしばらくすると、小学生ながら私も商売に目覚めてきました。カブトムシやクワガタが好きな私は、春先には幼虫を掘りに行き、夏になれば朝三時位から捕りに行っていました。

カブトムシやクワガタは捕れる場所が決まっていて、私はその場所を熟知していたのです。採取の方法は簡単で、木を蹴飛ばして振動で落として拾うというシンプルなものです。

時には趣味の域を超えてたくさん捕れるので、どうしようかと思っていると、そういえば、「ばあちゃんの商い」でよく行った赤間宿の駄菓子屋さんでカブトムシを販売していたことを思い出しました。そこで私も祖母を見習って商いに行ってみると、気持ちよく買ってくれました。

それから何度かカブトムシを持ち込んだ記憶がありますが、これが商売の第一歩だったと思います。しかも、祖母のお陰で「営業ルート」が確立されていましたから、今考えるとありがたい話ですね。

さらにその頃は新聞配達もしていましたので、金儲けの喜びを感じていたのかもしれません。

最後に、祖母は「人の出会いには無駄がない、出会ったすべての人があなたに何かを教えてくれるのよ」と言っていました。

私も経営者になってから、よく社員にそのように言ってきましたが、色々な経験を経て、会うだけでも辛い人や、大変ご迷惑をかけた人、多くの協力を得た人はもちろんですが、「すべてのご縁に感謝しなさい」ということを教えたかったのだと気付かされました。

「ばあちゃんの商い」で体感したことが、私の経営の原点になっていることに間違いありません。

3 反骨精神

「ばあちゃんの商い」について行く以外は、ガキ大将ぶりを最大限に発揮し、年下の友達を連れ回して近所の山や川、田んぼを走り回って日が暮れるまで遊んでいました。

そんな時、一歳下の友達が幼稚園に行くと言うからビックリです。色々聞いてみると、一歳下の三人が全員通うというので、遊び相手がいなくなると思いショックを受けたのを今でも思い出します。当時、通常は二年保育で幼稚園に行っていたようですが、私はそんなことは知らず、一年残したところでその事実を知り、みんなと一緒に幼稚園に行きたいと懇願したようですが、両親は「家にはそんな余裕はないから、おばあちゃんの商いについて行っときなさい」と言ったみたいです。しかし、末っ子のわがままで押し通したようで、何とか費用を家計から捻出してもらい、晴れて入園させてもらいました。

めでたく幼稚園に入園しT君との通園が始まるわけですが、普通、幼稚園といえば家の近くまで幼稚園バスが迎えに来て、お母さんたちがお見送りをしている光景をよく見掛けますが、私たちの場合は、通園する園児がたった二名しかいないせいなのかは分かりませんが、バスは迎えには来ませんでした。当然ですが誰が送り迎えしてくれるわけでもなく、自分たちで歩いて通園することとなりました。

幼稚園へは自宅から三キロ程の距離があり、幼稚園児の足では一時間位掛けて通園していたと思います。お陰さまで幼稚園での「駆けっこ」はいつも一番になっていました。

現代では、歩くことは健康にも良く、脳の活性化にもなると言われていますが、おそらくその当時は、体力もついたし、悪知恵もたくさんついたに違いありません。

それから徒歩での通園は、どんな天候であっても頑張って通っていたと思います。梅雨時期がやって来ますと、毎日の雨、そんな時でも当然歩いて幼稚園に行くわけですが、着る物はほとんど兄や従兄弟のお下がりでしたので、黄色のカッパと長靴を買ってもらったことは、今でも覚えています。

しかし、そのカッパはたった一回しか着なかったという記憶がよみがえりました。当然一時間も歩いて行くわけですから、傘は振り回したり杖にしたりしてすぐボロボロになったみたいで、それでなくてもどこかに忘れたり捨ててきたりと、「一〇〇円ショップ」などないこの頃は古い傘をいくつも用意していたそうです。しかし、それも続かないので、買ってくれたのが黄色いカッパです。

早速雨が降り、喜んで黄色いカッパを着て登園しますが、何故かその帰り道で友達とつかみ合いの喧嘩をし、溝に落ちて、田んぼに落ちて、言うまでもなく、おニューの黄色いカッパは原形をとどめることなく、二度と着られる状態ではありませんでした。

無理をして買ってもらったと思いますが、「親の心子知らず」とはこういうことでしょうね。今思うと、申し訳ない気持ちで胸が締め付けられます。

そんなハチャメチャな幼稚園時代でしたが、アルバムを見ていると、ひときわ目立つ一枚のカラー写真がありました。場所はおそらく、北九州市の到津遊園（現在の到津の森公園）だと思います。

田舎から出たことのない私は、生まれて初めての行楽地、初めてのおめかしです。そして、初めての母と二人のお出かけです。当時の記憶はほとんどないのですが、おそらく嬉しくて夜も眠れず、ソワソワしていたのだろうなと想像します。

しかし、ビックリしたのは写真での衣装です。お下がりにしてはピッタリですし、リュック

初めての遠足

サックと靴は何となく見覚えがあるので、買ってもらったのだと思います。母が内職し、この日ばかりはと「ヘソクリ」で買ってくれたと思うと涙が出そうです。

私は母が四十歳の時に生まれた子です。どうしても母よりも若いお母さんばかりで、私もちょっと恥ずかしいという思いがいつもありましたが、母もこの日ばかりはとおめかしをしていたようです。

小学生になった頃から、私の住んでいた地域では、福岡と北九州の中間にある町として団地造成が始まりました。いきなり私の遊び場でもあった家の裏山の木がなぎ倒されたかと思ったら、大きな重機がどんどん山を削っていきます。

子供の私には何が起こっているのか分かりませんでしたが、一年も経つと大きな道ができ、段々畑みたいな宅地が造られましたからビックリです。お陰で通学路は五〇〇メートル位短縮できたので大助かりでした。

このように新興住宅地ができ始めた時代ですので、田舎者の私には色々と刺激を受けることの多い小学生時代となりました。

勉強は全くできず、五段階通知表で「1」のオン・パレード、時々「2」と「3」が顔を出す程度の小学生時代でしたので、とにかく勉強は嫌いでした。

しかし、こんな私でも一躍秀でることがありました。幼稚園へは三キロを歩き、小学校の通学も二・五キロ、家に帰れば田んぼや山を走り回る毎日でしたので、当然、足は強くなり走ることが得意でした。

運動会での地区対抗リレーでは、新興住宅地の○○団地と私の村との合同チームでの出場でした。当然私は、一年生からずっと選手です。しかし、六年生の時、○○団地の父兄から「最後の学年だから、私たちの団地より選手を出させてください」との依頼があり、それでは競争して決めましょうということで、学校の運動場に父兄同伴で三回位走りましたが、当然私が三連勝です。

しかしその夜、父兄が菓子箱を持って、「どうしても団地から選手を」とお願いに来られましたので、六年生では出場を断念しました。人の良い田舎者が裕福な町の人にしてやられた感じで、とても悔しい思いをしたことを今でも忘れません。

マラソン大会では、何と一年、三年、五年と、奇数学年に三度の優勝をしました。偶数年も二位か三位といつも上位でした。そして一番の思い出は三年生の時のことです。

実は大会の数日前、田んぼで遊んでいてワラの山から落ち、右手首を骨折してしまい、二番目の姉が勤めている病院で患部をギプスで固定され帰宅しました。

どうしてもマラソン大会に出たかった私は、先生に許可を出してもらうよう姉に懇願したところ、許可が下りたということで、大喜びでギプスを着けたまま出場しました。するとどうでしょう、最初から飛び出すとそのまま走り切り、ダントツの優勝でした。

しかし次の日、病院に行きその話をすると、「誰も許可していませんよ」と先生から怒られ、後で姉に話を聞くと、「ダメと言われてもどうせあなたは走るでしょ」という姉の気遣いでした。

このような環境でしたので、幼少時代から負けず嫌いが根付いたのかもしれませんね。


先にも書いたように、小学校も三年から四年生に上がる頃（昭和四十八年）には、新興住宅にもたくさんの家が建ち並び、転入生が増え始めました。お陰で小学校はマンモス校となって、教室が足りず、理科室や音楽室までもが普通の教室になる始末に、プレハブも増築され、当時はニュースになるほどの出来事でした。

転入生たちは、ちょっと都会から来たオシャレで裕福な子という感じでした。家に遊びに行くと最新のゲームやレゴのブロック、仮面ライダーのアルバム（当時、相当数お菓子を買わないと当たらない）、家も新しく、田舎者の私には別世界でした。珍しい物ばかりで、時々黙って借りて帰ろうとしたらすぐばれていました。しかも、学校を家族旅行で休むことや早退することもあり、自由で裕福な転入生がとても羨ましく、時には意地悪をすることもありましたが、自分が虚しくなるだけでした。

幼少の頃から決して裕福な家庭ではありませんでしたが、さらにここに来て多くの転入生に刺激を受けた私は、色々な悪知恵も発揮しながら「いつかは裕福になりたい」という思いが反骨精神となり、現在に至っているのかもしれません。

4　物造り

子供の頃に、寝具のマットや布団など使って隠れ家のようなものを作って遊んだ経験は誰にもあると思いますが、私も親戚の家などでそんな遊びをした記憶があります。しかし、私の家は農業をしていましたので、稲刈り時期になると田んぼにはたくさんのワラが山積になり、幼少の頃はそのワラを抜いたり積んだりしながら秘密基地を造ることがとても楽しく、稲刈りの手伝いに来ていた従兄とよく遊んでいました。幼児にしてはかなり大きな基地になっていましたので、すでに〝物造り〟というより建築家の域に達していたのかもしれません。

至る所に基地みたいなものを造っていましたが、造るだけでは収まらず、焼失してしまったというエピソードもあります。少し話は飛びますが、記憶に残る出来事ですので紹介したいと思います。

幼稚園生活も、もうすぐ終わりを告げようとする冬のことです。一時間も歩いて通園していましたので、帰ってくると一番に取りたいのが「暖」でした。

一緒に通園していたT君と二人で「寒いから焚き火でもしようか」、そんな何気ない会話から、幼少期最大の事件を起こしてしまうとは思ってもいませんでした。

私の家は昔からの農家ですので、自宅に隣接して小さな納屋と、一〇メートル位離れて大きな納屋がありました。敷地は二五〇坪位です。自宅は今で言う七ＤＫ位で二階建て、一階には昔ながらの広い座敷がありますが、当時大工をしていた祖父が建てたと聞いています。

小さい納屋には牛小屋と鶏小屋があり、犬の「コロ」が住んでいました。その他に昔の農機具や馬車が置いてあったと記憶しています。

次に大きな納屋ですが、ここは豚小屋と牛小屋で、昔はたくさんの豚や牛を飼育していたようですが、当時は一頭もおらず、この納屋には稲刈り後に収穫したワラがたくさん積んでありました。

さて、焚き火の話を持ちかけた私は、早速この広い敷地のどこかで焚き火をしようということになり行動開始です。

まずはあちらこちら探し回り、祖母の部屋の茶棚にあった大箱のマッチを調達し、焚き火を試みます。

鶏をさばく時に、羽をむしり、ワラを燃やして、抜けない羽や細い毛をあぶり焼きしているのをいつも見ていたので、その場所にワラを持ってきて燃やせば焚き火ができると思い、見様見真似で火をつけますが、この日は風が強くて思うようには火がつきません。

大箱のマッチなので何度もチャレンジができますので、場所を変えて、少しでも風当たりの弱い所を探しますが、なかなか思うように火がつきません。それから小さい脳みそで少し考え、いくら場所を変えても必ず風は吹きますので、何か工夫をしなければ火はつかないことに気づき、一度は焚き火を断念します。

今まで焚き火をするために火をつけようと思ったワラが、大きな納屋にいっぱい積んであり、そこはワラを抜き取って秘密基地にしたりして遊んでいる場所でもありましたので、焚き火のことはすっかり忘れ、この中で遊ぶことにしました。ワラを積んでいる土台は、板を貼り合わせた大きなテーブルで、その下は歩いて移動できるスペースでした。そのテーブル板の隙間から出てきたワラを何度も引っ張り出して、しばらく遊んでいると、「このテーブルの下なら風も当たらないし、火がつくに違いない」という、まさかの思い付きが出てきました。

テーブルの下にワラを丸め、火をつけてみると、今まで全くつかなかった火が、すぐさまティッシュ状のワラにすぐ燃え移り、瞬く間に積んであるワラに燃え広がりました。すぐに逃げ出しましたが、これは火事です。

そして一緒にいたT君に「早く家に帰り。そして帰り道に、うちの納屋が火事だと一軒一軒伝えるんだよ。頼んだよ」。これが今でも覚えている初期行動でした。

そして、母屋に走り、兄と二番目の姉がいたので、「いなや（納屋）が火事だ！」と報告。火の勢いは強く、兄や姉がバケツを持ち出して水を掛けていると、すぐに消防車も到着しましたが、大きな納屋はアッという間に全焼でした。母屋とは少し離れていて、田舎なので隣家ともかなり離れていましたので延焼は免れましたが、納屋は物の見事に燃え落ちました。

父が北九州の会社からトラックで急遽帰ってきたことを覚えています。両親にひどく怒られた記憶は残っていませんが、警察から取り調べを受けてマッチのあった場所を説明したこと、有線放送電話機から「〇〇番地のマタケさんの家が火事でした」と流れたこと、その後、家の前にたくさんの人が見物に来ていたこと、そして次の日の新聞に載り、小さな田舎でしばらくは有名な話になったことは今でも記憶に残っています。恥ずかしい話ではありますが、約二〇〇平方メートルの焚き火の紹介でした。

それから小学生になり、何をして遊んでいたかというと、一番に思い出されるのはやはり秘密基地造りです。裏山を宅地造成したお陰で、造成地と山林の間に水の通り道のような凹みがよくできていましたので、そこが現場です。

そこに木切れや段ボールみたいな物を集めてきて、人に見つからないようカモフラージュしていくつも造っていました。一号基地・二号基地・三号基地というように隠れ家的な場所にして遊んでいたと思います。当時はニンテンドーDSみたいなゲームがあるわけでもなく、何か拾ってきて、お金も使わず遊んでいたようで、基地にはガラクタがいっぱいあったような気がします。

このような自然を相手にした〝物造り〟が、現在の造園という私の仕事の原点になっているのではないかと思います。どこでも何かスペースがあれば隠れ家みたいなものを造っていましたので、私に「庭造り」を依頼すると、隠れ家もおまけで付いてくるかもしれませんね。

しかし、この頃ようやく我が家が裕福でないことに気づき、金銭欲や物欲に目覚め出したことで、〝物造り〟への興味が増したことは間違いありません。まずは創造力を与えてくれた環境に感謝です。

それから、〝物造り〟で達成感を覚えたのが、「ばあちゃんの商い」を手伝ったご褒美に時々買ってもらったプラモデルです。

兄もプラモデル作りが好きで、細かな所まで色を塗り、妥協を許さないマメさで仕上げていましたが、当時の私は組み立てることだけで精一杯でした。

設計図を見てたくさんの部材を組み立てる過程を楽しみながら、完成を迎えた時の達成感が嬉しかったですね。まさに設計図を見ながら完成する公園造りに繋がるものがあります。公園造りにおいては兄のように繊細で妥協を許さない仕事ぶりですので、どうぞご安心ください。

5　体力作り

中学生となり、赤間宿《あかましゅく》の自転車屋さんでいつも最新式のを指をくわえて眺めていて夢にまで見た自転車を買ってもらい、感激も一入《ひとしお》でした。相変わらず勉強は嫌いでしたが、体を動かすことは好きでしたので、たくさんの部活動がある中で野球部を選び入部しました。

近頃の夏場は三十五度以上の猛暑が続きますが、私たちの中学生の頃もこんなに暑かったのでしょうか。

熱中症が取り沙汰される今日この頃、学生の部活動ガイドラインなどによると、三十五度を超える猛暑日には「部活動をしてはいけません」と書いてあるそうですから、毎日三十五度を超えるこの時期、地域によっては部活動が行われていない状況なのでしょうか？

時代や環境も変わり、部活動のあり方もかなり変わってきたと思います。地球温暖化問題、

CO_2削減、真剣に考える必要がありますね。皆さん、樹木をたくさん植えましょう。

話は戻りますが、体罰、しごき、ウサギ跳び、水分は一切摂らない、などは私たちの時代の部活動では当たり前の光景でした。現在ではあり得ない光景というより、決してあってはいけないことですよね。

野球部での練習は、一年生から二年生の新チームになるまでは、キャッチボールとトスバッティングくらいで、あとは球拾いと声出しでしたが、それだけで終わればよいのですが先輩からの愛情たっぷりの指導もあり、それが終わってやっと水飲み場に走り込み、水分補給ができました。

練習中は一切水を飲んではいけないというのが常識でしたが、誰一人、今で言う「熱中症」になる人はいなかったと思います。ただ、帽子もかぶらずに直射日光にあたり「熱射病」になる人はいましたけど、少し意味が違いましたよね。

スポーツ医学が発達した現在、昔は今とは全く逆のことをしていたことに気づかされましたが、みんな元気でしたから、それで良かったと思います。お陰で強い精神力と身体が習得できたのではないでしょうか。

暑い夏が過ぎ冬場になると部活も走ることが主体になりますが、地域では町内対抗の駅伝大会が毎年開催され、中学一年から参加していました。私が住む小さな農村チームは第一回大会より三連覇中で、私が参加したのは第四回目からでした。もちろん四連覇だと意気込んで一カ月位前からみんなで練習です。

しかし、第四回大会は、地域にとっては嬉しい出来事なのでしょうが、我がチームにとっては思わぬ出来事が起きました。

それは、東京オリンピック八位、メキシコオリンピック銀メダル、ミュンヘンオリンピック五位入賞の、誰もが知る君原健二さんの参加でした。君原さんは北九州にお住まいでしたが、引退して数年後に宗像に引っ越してこられたのです。現在は北九州に戻られているようですね。

さて、第四回大会ですが、君原さんは他のチーム（Mチーム）よりアンカー区間の五キロにエントリーされました。しかし、駅伝はチーム戦、アンカーまでに差をつけていれば勝機は充分あります。

私も三キロ区間にエントリーし、必死にトップを独走して、大人もいる中で区間賞の快走で、我がチームはアンカー区間までに六区間中四区間で区間賞を取り一位を独走します。Mチームとの差は約三分。我がチームのアンカーはいつも区間賞の消防署員二十五歳。Mチームは当時三十五歳で市民ランナーの君原選手です。

ゴールに近づき我がチームが見えましたが、すぐ後ろに君原選手も見えてきました。

そしてゴール前一〇〇メートル、無残にもあっという間に抜かれてしまいました。君原選手は現役を引退したとはいえ、五キロを十四分切るスピードで走られましたから、勝ち目はありませんよね。一般の市民ランナーですと速い人で十七分位ですから、三分差でも完敗です。

それから、私が参加した中学時代のあと二年間は言うまでもなく、アンカーで抜かれ三年連続準優勝でした。ちなみに個人的には三年連続区間賞を取ることができました。

当時の君原さんは、地域でもたくさん貢献されており、マラソン教室を開催された時は、私もご指導いただきました。参加者にオリンピックのメダルをお見せになるなど、優しく誰にでも接してくださるお人柄には非常に感銘を受けました。

中学校を卒業して、高校に入ってもすぐに野球部に入部しました。

夏の大会が終わり新チームになり、一年では一人すぐにレギュラー・ポジションをもらいました。それから最初の大きな大会が「ＮＨＫ杯」で、当時は平和台球場が人工芝になり初めての大会でした。まずは両親に無理を言って、学校指定のスポーツ店で人工芝専用のスパイクを買ってもらいました。

試合には七番レフトで出場し、相手は進学校のＦ高校でした。ピッチャーは中学の時にも対戦経験のあるＹ君で、中学時代も一目置かれていましたが、高校でも注目のピッチャーになっていました。試合内容は相手のY君に完全に抑えられ劣勢でしたが、私の最後の打席はライト線に落ちる三塁打で、思わずベースでガッツポーズです。先輩たちはなぜか笑っていましたので、嬉しかったような、恥ずかしかったような。試合結果はコールド負けでした。

そして一年のオフシーズンになり、周りを見渡すと、バイクの免許を取ったり、アルバイトをしたり、デートをしたりと、友人たちは青春を違う形で謳歌していました。うらやましく思った私は、少し休部して楽しんでみることにしました。

すると、一学期終業式の日に校則違反との報告を受け、夏休みだというのに学校に通うこととなりました。情けないことに学校謹慎が言い渡され、野球部もあっさり退部となりました。

二学期に入り帰宅部かと思いきや、学級方針は「全員部活動参加」に、学科教訓として「ラグビー精神」がありました。

担任のK先生から一言、「ラグビー部のH先生が呼んでいたぞ」と呼び出され、どうやら野球部の監督とラグビー部のH先生に、K先生が今後のことを相談していたらしく、行ってみるとH先生から「よし、明日からラグビー部だ」と言われ、間髪入れずに入部が決まっていました。

ラグビー部に入部し，
最後の大会での私

野球部の練習中、外野手だった私はすぐ近くでラグビー部の練習を見ていて、「楽しそうだなあ～」と思っていましたので、すぐに気持ちを切り替えて取り組むことはできましたが、やってみると毎日が擦り傷との戦いで痛かったですね。今でも、ひざに傷がいっぱい残っています。それでも足だけは速かった私は、背番号「14」、バックス（右ウィング）のポジションをすぐにいただき、最後の大会（三年の冬）まで頑張ることとなりました。

しかし、今となっては、ほろ苦い経験に、この時代も見捨てることなく救っていただいた先生方には「感謝」です。

経営は体力勝負です。中学、高校としっかり体力作りを行ってきましたが、当然ですが当時はそのようなことを思って励んでいたわけではありません。しかし、振り返ってみますと、基礎体力は時に経営においては大切であることを実感することになりました。

6　社会人への準備

中学三年生になると、出てくるのは高校受験の話ですが、今思えばここからが社会人への準備の始まりです。

夏休みまでは部活に熱中していますので勉強どころではないのですが、成績の悪い私は、行ける高校はあるのだろうかと不安があったのは確かです。しかし、受験勉強を少しずつ進めようという気は全くなく、とりあえず今できることは何かなどを色々考えていました。

そして思いついたのは、少しでも「内申書」を良くすることでした。先輩からの話では三年生の一～二学期が重要と聞きましたので、まずは一学期の役員決めの時です。クラスで最も重要なポストといえば学級委員長です。しかも高評価と聞きました。

進行役が、「学級委員長になりたい人」と言うと、すかさず「ハイ」と手を挙げたのは私一人だけでしたので、すぐ決定です。

何とか「学級委員長」の役目を終えた頃、次は二学期の役員決めです。二学期で一番大変な役目は、体育祭がある関係で体育委員長でした。それにもすかさず立候補、しかも応援団長のおまけ付きでした。

さらに、一学期の学級委員長が体育祭の運営をするということで、部活動も終え、勉強もしなければと思っていたところ、それどころではない状況にはなりましたが、周囲の協力もあり、しっかり三つの役割をやり遂げることができました。

しかし「内申書」は良くなったのでしょうか。

肝心なのは勉強ですよね。それが大きな課題でした。

体育祭も終わり、いよいよ受験勉強ですが、何からどう手を付ければよいのか分からず、担任の先生からは「今の偏差値だと行ける高校はないぞ」と言われました。

そこで、同級生で従兄弟のI君はどうするのだろうと思い聞いてみると、地元は福岡教育大学のお膝元ということで、彼は教育大生の下宿先で個人授業を受けていました。私よりはずいぶん頭の良いI君でしたが、目標も決まっているようで素晴らしいと思いました。

それより、人ごとではありませんでしたので、私も紹介していただき、教育大生の下宿先での個人授業を受けることになりました。

しかし、時期はもう十月頃だったと思います。果たして間に合うのでしょうか。週二～三回の個人授業に、ドリルでの自宅学習、もちろん正月休みがあるわけでもなく、学生時代、後にも先にも唯一、勉強を頑張った時期でした。

ところで、勉強の成果はというと、文系は暗記することが多くて思うように成績は伸びませんでしたが、理数系は結構理解できるようになりました。特に数学は、面白いように解けるようになりました。もしかして「ばあちゃんの商い」のお陰で計算だけは速かったのかもしれません。

受験勉強も最終段階に入り、志望校を決める模擬試験の結果が出ました。少しは偏差値も上がっていたと思いますが、元々が低かったので、これで志望校が決められるかは少し不安でした。

その志望校ですが、十歳上の兄は、家の手伝いも良くし何かとできた兄です。いつも「兄ちゃんを見習いなさい」と両親からも言われていましたので、せめて兄の行った高校には入りたいという思いがあり、そこを目指すことにしました。

そこは工業高校で、希望する科を第二希望まで選択することができました。しかしここで欲を出しても受からないと思い、一点集中で兄が卒業した科一本に絞り決定しました。そして、最後までしっかり勉強を重ね受験の日を迎え、私なりにできることはすべてやり遂げましたので、後は結果を待つだけです。

さあ、いよいよ公立高校の発表の日が来ました。

学校からは、発表の日は自宅にて待機と言われていましたので連絡待ちです。合格者に連絡があるのではなく、不合格者に連絡をするということでしたので、ドキドキしながら待っていたと思います。

何時までに連絡をするということも聞いていなかったので、朝から静かに待っていましたが、いっこうに連絡がありませんので学校に向かいました。

学校に着き、受験校別に教室へ入ると、先生が茶色の封筒を持って入場してきました。どうやら封筒に名前が書いてあるようです。そして、名前を呼びながら配り出しましたが、名前が呼ばれなかったらどうしようという不安に駆られる中、最後の最後に呼ばれた瞬間に、「間違いではないですよね」と言ったことを今でも忘れられません。

ハラハラドキドキの合格発表でしたが、入学説明書を持って帰ると、家族はみんなあっけにとられていました。祖母だけはニコニコうなずいていましたね。ついに祖母の「ピグマリオン効果」が効いた瞬間かもしれません。そして生まれて初めて、「親孝行」ができたような気がしました。


何とか志望校へ進むことができ、社会人への準備が加速していきます。晴れて、「福岡県立香椎工業高等学校・工業化学科」に入学です。県下では就職率一位を誇る公立高校として有名で、四十年以上経つ今も変わってないらしいから素晴らしいです。

しかし、入学当初私は進学を希望していました。大学に行って体育の先生になりたいと思った時期があったからです。

クラス担任のK先生は「野球を続ければ可能だよ」と言われましたので、迷わず野球部に入部しました。そのK先生は、十年前に生徒だった兄のことも覚えていましたので驚きました。

それから、科級訓（工業化学科の教訓）として三年間掲げたのが「ラグビー精神」です。

バスケット部顧問のK先生がなぜ？と思いましたが、実は日体大出身（元全日本）でラグビーをされていたH先生から「ラグビー精神」の話を聞かされて感銘を受け、「これは社会人にとっての必要なものがすべて詰まっている。生徒たちに三年間でこの精神を叩き込み、社会に送り出そう」と思ったそうです。そして、「卒業の時にクラス対抗でラグビーの試合をしよう！」と、すごい意気込みでした。

教室には三年間この「ラグビー精神」が貼ってあり、事あるごとに合唱していました。今になっては、多くの場面でこの言葉に助けられましたので、感謝の気持ちを込めてご紹介します。

ラグビー精神　七カ条

- フェアープレーの精神
- 協力一致の精神
- 自己を犠牲にする精神
- 苦しみに絶えぬく精神
- 勇猛、果敢な精神
- いつもベストコンディションをつくる精神
- 任務を果たす精神

以上

こうやって、社会人への第一歩を踏み出したのです。

さすが今でも就職率一位の学校です。すべてが社会人へ向けての教育でした。

高校生活もあっという間に過ぎ、三年生の十月より就職活動が解禁になると一カ月で、進学・公務員希望者を除くと一〇〇%就職が内定しましたので、「県下一位の就職率」といつも新聞などにも載るほどの学校でした。先生方の教育も素晴らしいのでしょうが、卒業生の皆さんがしっかりと社会で地盤を作られているのだろうとも思います。

ところで就職活動が解禁になる頃の私は、どんな会社に就職するかで悩んでいました。進学できるほど家庭は裕福ではないし、勉強もできません。

地元に残りたい私は、大手の会社を望むとほぼ県外になりますし、地元で行きたい企業も見当たりませんでした。

そこで出した結論は、公務員試験と地元の農協でした。ほとんどの同級生が就職も決まり、その後の試験でしたので取り残された感はありましたが、そんなに勉強もしていないのに模擬試験ではまずまずの成績に、先生からは、「いけるかもね」と言われました。

少し調子に乗った私は、ほとんど勉強もせずに次々と受験していきます。県庁、市役所、消防署、警察、自衛隊、農協と、すべての受験が終わり、あとは結果を待つだけです。

それから次々と合否の結果が届きましたが、合格できたのは警察と自衛隊で、その他はすべて不合格でした。警察と自衛隊は募集枠が多かったので受かるのではと思いましたが、その他の試験は、会場に行き、私の学力ですと狭き門だなと肌身に感じていましたから、予想通りです。

卒業を間近に迎え、どうしようかと迷っていたところ、就職指導のC先生に呼ばれ、「公務員ではないのだが、県庁に入っている会社で働かないか」との提案ありました。

ラグビー・クラスマッチ（九電グラウンド）

「自衛隊・警察」より「公務員ではないが県庁にある会社」、働き先は「県庁」、そのような思いに至り、楽をして見栄を張りたい私は、仕事の内容より「県庁」のキーワードに引き付けられ、面接試験を受け、「県庁にある会社」に内定しました。

とりあえず、就職活動も一段落。あとは卒業を迎えるだけとなりましたが、入学時からの科級訓「ラグビー精神七カ条」、そして卒業前には「クラス対抗でラグビーの試合をやるぞー」という担任のK先生の熱い言葉が実現します。三年間の集大成として、わざわざ九電グラウンドまで借り、素晴らしい環境の中で三年間の思いをプレーに変えたことは、何十年も経った今でも、社会に向かう私たちに「最高のプレゼント」を贈ってくださったと実感しています。ありがとうございました!

これで、社会人への準備も終わりです。

第2章　社会人大学

1　一年生

高校も卒業し社会人になるわけですが、同級生の大半は大学へと進みます。振り返ってみますと、高校を出てからの四年間は社会人として定着することができず、決して勉強したわけでもありませんが、しっかり〝授業料〟を使うこともありましたので、自分の中では大学生気分の四年間と思い、この章を「社会人大学」としました。

さて、一年生になるわけですが、その前に恋愛話を少しさせていただきます。

高校を無事卒業すると、この際とばかり遊び回っていましたが、入社日を間近に迎え、友人が引っ越しをするということで、引っ越しの手伝いに借り出されたのです。そこに見知らぬ女性が一人、第一印象は「愛嬌のある小柄な女の子」という感じでした。

誰なのか聞いてみると、友人の兄嫁の妹ということで高校三年生、春休みで遊びに来ていたようです。色々話していると、すぐに打ち解けて引っ越しが終わるくらいには友達になっていたような気がします。

それから数日後に入社式を迎えるわけですが、多くの不安や期待、色々と心が揺れ動く入社日の前日、その女性に交際を申し込んでいました。この女性との出会いが私の人生に大きな影響を与えるなど当時は思いもしませんでしたが、まずは青春の第一歩ということで、いよいよ一年生の始まりです。


いきなり「県庁」に出勤するのだろうと思っていましたが、本社での研修があり、そこで配属が決まるようで、しばらくは本社のある天神に出勤です。

仕事の内容は、役所の図面や書類を小さなフィルムに収める業務（マイクロフィルムと言っていました）。分かりやすく言えば、写真屋さんがネガを作ったり現像したりする業務で、職場は暗室です。今まで外で活発に走り回っていた私が、暗室の中で社会への第一歩を踏み出したわけですから、とても不安な気持ちで研修を受けていました。

けれど、会社の人は、社長さんをはじめ良い方ばかりでした。同期入社はいませんでしたが、一つ上の先輩からはよく可愛がっていただいた記憶があります。出身校の先輩上司で素晴らしくできる方がいらしたので、そのような先輩のお陰で後輩の私たちが入社できるのだと思いました。

通勤時間は、バス―電車―バスを乗り継いで一時間半程掛かったと思います。当時、地下鉄もまだ一部開通ぐらいで、博多駅―天神間はなかったです。

初めての職場（暗室）では睡魔が襲って大変でしたが、残業もなく、きっちり五時頃には帰っていたと思います。

家に着くと車に乗り換え、デートや友達とのドライブなど、どっぷり深夜まで遊んでいました。そのようなライフスタイルでしたので、仕事中に睡魔に襲われるのは当たり前です。

そして入社より数カ月後、当然の結果が訪れます。

無断欠勤はなかったと思いますが、とにかく暗室の仕事が苦痛で、昼休みに外で過ごすのが唯一の楽しみでした。結局仕事にも身が入らず、私生活を変える努力をするなど考えもしませんでしたので、研修期間終了と同時に退職することにしました。

まずは石の上にも三年と言いますが、たった三カ月で退社です。社長、先輩上司、高校の進路の先生など多くの方に、早速ですが大変ご迷惑を掛けることとなりました。

社会人としてのスタートを切ったはずの私ですが、わずか三カ月で無職です。車のローンもあり働かなければいけなかったので、取り急ぎラーメン屋さんでアルバイトを始めました。

その頃から、将来は自分で何か商売がしたいと思っていた私は、「ラーメン屋さんもいいかな」と一瞬思いましたが、やはりもう一度、ちゃんと就職することにしました。

そこで、職業安定所（現ハローワーク）に行き、就活です。

条件は、給料が良く、営業職、しかもルート営業がよいと思っていました。そして一番大事なのが、彼女の家に近いこと、という不純な動機もありながら見つけたのが、彼女の家から車で五分、自宅から三十分、大阪本社の九州支店で、給料も良く、ルート営業です。

面接に行くと、工業地帯にあり、鉄工所など小さな子会社が何社か敷地内にあるメーカーさんのようで、営業所自体は十人程度で運営されていましたが、所長さんの面接で印象に残ったのは、「学歴不問」です。

「挫折を味わっている人、何らかの事情で学校に行けず悔しい思いをした人、そんな経験をしてきた人は、人一倍頑張ろうという精神が強いのです。当社ではそんな人が頑張っています」

その言葉を受け、たいした挫折もしていませんが、すぐに入社の運びとなりました。

会社に入ると、素晴らしい人柄で仕事もパワフルな部長、課長と上司はまさに中卒でした。昔は勉強したくても学校に行けない事情の人が多くいたようで、学歴がなくても「仕事に対して真摯に向き合い、我武者羅に頑張れる人」、そんな人が社会で活躍したのだと思います。

そんな私の条件に合ったパワフルな会社で、我武者羅に頑張れるかは定かでありませんでしたが、雰囲気は明るく活気もあります。

同じ年の新卒者が二人いて、一人は事務の女子、もう一人は同じ営業部の男子。二人共すぐに仲良くなりました。事務の女子は、なんと家が私の叔母の家の隣というので、「小さい時に会ったことあるかも。世間は狭いね」、そんな話をしていました。

仕事の内容は、「ディスプレイ&トータルプランニング」と名刺に書いてあり、デパートなどのショーウィンドウに飾り付けるネットやハンガー掛けなどの金物を店舗設計施工会社などに製造販売する仕事で、特許を取った商品などもあり、倉庫で在庫管理や発送もしていました。

様々なショーウィンドウがあるため、他社にできない特注の金物を作るのがこの会社の「差別化戦略」だったのかもしれません。

私の仕事は、お客様から注文を受けた商品を配達しながら、お得意様を回るルート営業でしたが、物造りが好きな私は、お客さんとよく設計の話をしました。

会社に戻ると、お客さんと打ち合わせした内容を、当然キャドなどありませんので手書きで図面を書き、というより漫画にして敷地内の鉄工所や塗装工場、メッキ工場へ製作の打ち合わせに走り回ります。

オーダーしたものが出来上がる喜びもありましたが、お客さんに満足していただけるのか、ルート営業とはいえ様々な経験ができる、やりがいのある仕事でした。

さらにこの会社の良いところは、終業時刻三分前になると、すでに上司がタイムカードの前に並んでいます。残業などほとんどなく、新入社員は最後にカードを押しますが、それでも三十秒差です。

終業後は彼女ともよく会っていましたが、まずは会社近くのパチンコ屋へ行くと、先ほどタイムカードの前にいた人たちが皆さん集合していました。さすが、「差別化戦略」のできた会社は違います。

お陰さまで数カ月後には、通勤に対応した軽自動車をローンではありますが新車で購入することができました。

社会人一年生はすんなりとは行きませんでしたが、再就職もできたので、何とか次に進めそうです。

2　二年生

二年目を迎え、腰を据えて働ける会社に就職でき、毎日頑張っていました。

会社の人間関係も良好で、工場の人たちからだけでなくお得意様からも結構可愛がっていただきました。時には「やめてうちに来ない？」というお客様からの引き抜きもありましたので、祖母に鍛えられた笑顔が良かったのかもしれません。

そして、就業後は相変わらずパチンコに、会社近くには競艇場も在りましたので、よく先輩に誘われて行っていました。さらに休日はデートに野球にと、結構エンジョイしていたと思います。

そんな順風満帆《じゅんぷうまんぱん》の中、やはり試練は襲ってきます。

新車（スズキ・セルボ）で通勤

度重なる交通違反があり、計算してみると持ち点がゼロとなり、免許取り消しのピンチです。別に軽自動車で暴走していたわけではありませんが、小さな違反も重なるとこうなるのです。

実は、新車で買った軽自動車は、当時では珍しくギアーがミッションではなくオートマでした。三十年前の軽のオートマはエンジンへの負担が大きかったようで、雲仙の山道でオーバーヒートして、ローンも残したまま泣く泣く廃車にしたのでした。

やむを得ず十数年落ちの「ホンダ・ステップバン」に買い換えましたが、タイヤのはみ出し「ハミダイ」の整備不良で取り締まりを受け、持ち点ゼロとなりました。すぐさま通知がやって来ましたが、ルート営業には致命傷です。

通知には取りあえず警察へ出頭するよう指示がありましたので出かけると、なぜか百八十日の免停ということで、講習を受ければ九十日の停止処分です。免停後一年以内に違反をすると取り消しと言われ、ひとまず安心しましたが、仕事への影響は変わりません。

せっかく良い会社に入れたのにと思いながらも、まずは上司に報告です。

当然、肩を叩かれるだろうと思っていましたが、若さへの期待も考慮され、大阪本社で商品管理の勉強をしてくるよう辞令をもらいました。

期間は三カ月～六カ月ということでしたが、彼女の家に近いという不純な入社動機だったものの、新幹線で三時間掛かる大阪での勤務となり、彼女の見送りを受けて出発です。

大阪に到着しますと、あちらこちらから聞こえてくる大阪弁を聞いて、みんなが喧嘩を売っているかのように感じて驚いたのが第一印象でした。

会社は三階建ての自社ビルで、一階がメッキ工場、二階が商品倉庫、三階が事務所、社長室、食堂、そして寝泊まりできる畳部屋。洗濯機もあり、屋上にはゴルフ練習場が完備していました。

寝泊まりは会社の畳部屋で、すでに住居者が一名いました。その方は九州営業所の敷地内にあるメッキ工場の二代目さん。私より三歳位年上で、メッキの修業に来ていました。ということで、九州人同士、枕を並べての生活です。

　そして、私が勉強する商品管理の責任者もこてこての大阪弁で、大の競艇ファンでしたので、毎日の競艇談義がとてもおもしろかったです。商品管理の勉強に来たのか、競艇の話を聞きに来たのか、よく分かりませんでしたが、なんだか楽しい大阪勤務が始まりました。

　さて、大阪での生活がスタートしたわけですが、寮費を取られていたかは思い出せません。食堂のおばちゃんが三食作ってくれましたので、通勤無しの食事付きで仕事に集中できます。と言っても仕事での思い出は競艇談義ぐらいしか覚えていないのですが、昼休みは屋上でゴルフの練習もさせていただきました。

大阪時代

　その屋上から景色を眺めると、三六〇度どこを見ても山がなく、どこまでも建物が建っているだけでした。福岡ではあり得ない光景でしたので、ちょっと都会に来た気分でしたが、なんだか寂しい気持ちになった記憶もあります。

　仕事が終わり、食事を済ますと、同部屋のＫさんと銭湯へ行きます。下町で風情がある路地を歩いて、帰りにたこ焼きやお好み焼きを買って帰り、寮で一杯飲むのが毎日の楽しみでした。

　会社の中で生活しているので電話もありましたから、毎日のように彼女に掛けていました。寝るまでに時間もありましたので、手紙も下手な字でマメに書いていました。休日は、洗濯して、パチンコに行くぐらいだったと思います。

そんな生活も三カ月になる頃、成人式を迎えることになりました。

大阪は洋服の問屋が多く手頃な値段で買えるので、会社の先輩に連れて行ってもらい、成人式のスーツやネクタイを自分で買ったのですが、やはりここは大阪、ちょっと派手めの、こてこての花柄のネクタイを先輩に選んでもらい、成人式へ出るために一時帰省です。

免停も終わったので、このまま戻りたかったのですが、もうしばらくいなさいとのことで、成人式のためだけに帰ってきたわけですが、車は売り払って大阪に行きましたから、成人式にどうやって行こうかと思いました。

家には農作業用の軽トラックしかなく、車も見栄を張りたかったのですが、仕方なく軽トラックで行くことになり、会場近くまでは行きましたが、たどり着くことはなく、地元の成人式には出席せず別の会場へ向かっていました。実は彼女も成人式だったのです。

知らない土地の成人式に一緒に出席するわけにはいきませんので、私は出席せず、彼女の送り迎えのために軽トラックを走らせることにしました。

まあ、彼女も文句も言わず乗ってくれましたが、軽トラックに晴れ着姿の彼女を乗せ、彼女の親戚にお披露目に廻ったのが私の「成人式」となりました。

それから彼女を家に送り届けると、「お祝いするから一緒にどうですか」と、ご両親からまさかのお呼ばれに、家に帰ってもお祝いがあるわけでもありませんので喜んでご馳走になることにしました。

さらに彼女のお父さんが、「小倉のスナックに飲みに行こう」と誘ってくれました。お父さんは全くお酒は飲めないのですが、お付き合いが多く、雰囲気を味わうのが好きな方でした。まさか彼女とお父さんと三人で成人祝いをするとは思いませんでしたが、嬉しかったです。

スナックのママから、「いいネクタイしているわね」と言われ、大阪直送の成人式衣装も意外な場所で披露できた「成人祝賀会」でした。

仕事も順調ですんなりと進んでいくのかと思いきや、自分の失態から色々な経験をさせていただくことになった社会人二年生でした。成人式も迎えて少しは成長したのかは分かりませんが、とりあえず三年生へと進んでいきます。

3　三年生

成人式も終えて大阪に戻った私ですが、それから一カ月程して、少し大阪かぶれし、「ほんま

三菱・ランサーと

でっか！　おおきに！」と調子に乗って、九州へ戻って参りました。

　本社での経験を九州で発揮しなければと仕事への意欲も増大していましたが、まずは通勤の車が必要でしたので、会社近くの中古車センターに行き、低価格でそこそこ乗れそうな車を購入しました。車種は「三菱・ランサー」で、もちろんローンですが、保証人が要るということで入院中の父に頼みに行きました。

「ランサー」といえばラリー車のイメージですが、私が購入した車種は普通のセダンでしたので、それを見た父は快くハンコを押してくれました。

　当然点数もありませんので、しばらくはおとなしい車に乗り点数が戻るまで待とうと思っていたのですが、乗っているとだんだん物足りなくなり、手始めにホイールを換えると、同級生が勤めるカーショップに通うようになり、欲しいパーツを少しずつ装着していき、最後は全面塗装を施して若者らしいスポーツセダンへと変身を遂げました。

　元々が安い車でしたので、少しは良いだろうと調子に乗って格好ばかり付けていました。当然借金も増えていたと思います。それでもちゃんと働けば返せる範囲でしたので仕事は頑張っていましたが、私の場合は調子に乗ると訪れるのが落とし穴です。あれからまだ一年も経っていないのに、「ハイ！　交通違反！」です。何の交通違反かは覚えていませんが、今度は間違いなく免許取り消しです。

せっかく色々と配慮をしていただいたのに、会社の期待に応えることもできずに、クビを覚悟しての報告です。そんな私でも、会社は商品管理業務で残してくれました。

しかし車では三十分で通勤できた会社も、公共交通機関ですと、バス、電車、途中乗り換えもありますので一時間以上は掛かります。しばらく先輩のアパートの一室を借りたりしましたが、だんだん通勤が億劫になり、遅刻に欠勤も増え、先輩からもかなりお叱りを受けましたが、これ以上会社に迷惑は掛けられないと思い辞表を出し、受理してもらいました。

今思い出してもバカとしか言いようのない調子者で、こんな結末になりましたが、二年間働かせていただいた、とっても良い会社でしたので、お世話になった皆さんには大変申し訳なく思いました。本当にありがとうございました。

さあ、仕事を辞めて悠長なことを言っている場合ではありません。まずは就活です。運転免許もないので条件も限られますが、ローンの返済もあるので焦ります。一攫千金《いっかくせんきん》できるような仕事はないものだろうかと思いますが、そんなうまい話は当然ありません。

しかし、そのようなことを考えていますと、努力次第では高額収入も夢ではないという仕事を草野球の監督が紹介してくれました。何やら外国の家電製品を売る仕事らしいのですが、免許がなくてもできるのかは分からず、取りあえず面接に行って話を聞くことにしました。

ノックをしてドアを開けた瞬間に社長さんらしき方が出てこられ、目が合った瞬間にすごい眼力で寄ってこられて握手を求められました。

手を差し出すと痛いくらい握られ、「将来の夢は何ですか」といきなり質問され、「お金持ちになりたいです」と言ったかどうかはよく覚えていませんが、「一緒に夢を叶えましょう！」、そんな迫力で、取り急ぎ研修会に参加してくださいとのことでしたので行ってみることにしました。

参加してみてビックリです。純粋な私には刺激が強すぎました。

それは「ナポレオン・ヒルの経営哲学・思考は具現化する」の勉強会。まさに、「夢は叶う」のプログラムをしっかり刷り込まれました。

知らない方もいらっしゃると思いますので、簡単に「ナポレオン・ヒルのプログラム」を説明します。

ナポレオン・ヒルは、成功者に共通する資質や考え方、行動パターン、経営方針、組織運営、トラブル時の対応といったビジネスに関する事柄はもちろんのこと、人との接し方、立ち居振る舞い、表情、話し方、嗜好といった人間性に至るまで徹底的に検証し、誰もが活用できるノウハウとして体系化しています。

ナポレオン・ヒルの成功哲学を学び、習慣化し、実際に用いた人々は、自分の願望がことごとく実現するという魔法のような体験をします。ナポレオン・ヒル成功哲学のノウハウによって脳力が高まり、潜在能力を存分に発揮できるようになるからです。そうなった時、人は自動的に成功のレールに乗って力強く疾走し始めるのです。

多くの成功者を輩出し続けたナポレオン・ヒルの成功哲学は、あなたの人生を変える可能性を秘めたプログラムです――。まさにそのような勉強会でしたので、とても感動したのはもちろん、単純で調子者の私はやる気満々です。

そこに持ってきて、やる仕事は高額な外国家電製品などの販売です。販売先はエンドユーザーで、親戚、友達、知り合い、飛び込み何でもＯＫで、努力次第では独立開業も夢ではなく、そのようなプログラムも組んでありました。

友達にもその話をして一緒に活動することになり、車の運転もしてもらい、自身の親戚から友達の親戚、知人、知人の知人……と、飛び込み営業は厳しかったので人伝《ひとづて》に売りまくる戦法で走り回りました。

なかなか売れなくて結構へこむ時も多いのですが、そんな時に必ず「ナポレオン・ヒルの勉強会」があるのです。

今でも覚えているスパルタ合宿でのことです。勉強会が深夜になり眠くなると、講師の先生から、「寝ている人がいたら隣の人が寝ないようにつまんでください」と言うのです。隣は綺麗なお姉さんでしたが、何回もつままれた記憶があります。

話では、赤ちゃんの脳が何でもすぐ吸収するように、大人も眠る瞬間に赤ちゃんの脳になるとのことで、そこでプログラムを詰め込むと効果的なんだそうです。

夢は叶う！　そして独立

そして勉強会が終わると「また頑張るぞ」となり、突き進むのです。すると三カ月位で独立できる目標に近づいてきました。

そして締め日まで数日という時に、かなり無理をして追い込み、何とか独立開業の権利を得たのです。まさに「夢は叶う！」、そして独立です。

しかし、かなり無理をしすぎたようで、「夢は叶う、そして独立」なんて調子のいいことを言っておりますが、そんなに短時間で夢は叶いません。現実には、独立時の資金など手元には全く無く、追い込みでローンにて購入していただいた分の入金も一カ月後と苦しい、さらには在庫も購入していました。それでなくても個人的な借金もありましたので、資本金作りで多方面にさらに借金して、何とか登記までは漕ぎ着けました。

そうこうしながら、登記の段取りで一カ月位が過ぎましたが、入金があると少し運営資金も残る算段でしたが、世間はそう甘いものではありませんでした。

追い込みで書いてもらったローンが二～三件通っていないことが発覚したため、最後に購入した在庫と合わせれば、運営資金どころか、かなりのビハインドになっていたと思います。

それでも会社を軌道に乗せようと頑張り、一カ月程で少しは在庫も減りましたが、借金は減りませんでした。そうなると借金返しのための借金が始まりますので、仕事どころではありません。たくさんの金融機関を走り回り奔走しましたが、気が付くと一緒に頑張っていた友達も去り、すべては自分の意思で悪い方向へと進んで行き、もうどうすることもできませんでした。

家にも督促状が来ていたので家の者は気が付いていました。特に十歳上の兄は「そんな仕事は早くやめた方がいいぞ」と言っていました。昔から生活面でも仕事面でも堅実な兄に比較される私は、「兄ちゃんより立派になってやる」と調子に乗って偉そうなことばかり言っていたのです。

しかしもう、ここに来てそんな気力も残っていませんでした。十二指腸潰瘍を患い体調も最悪、さらに父はこの時期、余命数カ月で療養中でしたので、同居していた兄に頼るしかありませんでした。

身内からも熱いお叱りを受けましたが、兄にしっかり謝罪して懇願すると、兄は金融機関に出向きすべての借金を精算してくれました。色々と交渉もしてもらいましたが、借金総額は五百万円となりました。

兄からは「外に出るとろくなことがないから、しばらくは家にじっとしていろ」と言われました。当然ですが、今でも兄には頭が上がりません。

そして、三年間お付き合いした彼女も去っていきました。

ハチャメチャな社会人三年生も終了。退学があるわけでもありませんが、大きなマイナスを抱え、四年生では専門の学部へと進みます。

4 四年生

「家にじっとしていろ」と言われ、素直に何もすることなくボーッとしているのですが、一週間もすると何もできない自分がつらくなります。

それでなくても、早く借金を返さなければなりません。

当然彼女からの連絡もなく、寂しさと焦りが渦巻く中、ふと外を見ると家の目の前で道路工事が始まっていました。スコップで穴を掘る人、一輪車で物を運ぶ人、とにかく走り回っている人などを見ているだけでも、働いている人が羨ましく、眩しく思えた瞬間でした。「何でもいいから働きたい」と、そんな衝動に駆られていた自分を今でも思い出します。

それから数週間が過ぎた頃、再起を誓い、頭を丸めに床屋さんへ久しぶりの外出です。そして、今思えばここで「大きな転機」が訪れます。

行き付けの床屋の奥さんから、

「親戚の造園屋さんが忙しくてアルバイトを探しているけど、行かない？」

と言われた一言からです。

何でもいいから働きたい私は、自転車で十分程と家からも近い所でしたので、「喜んでお願いしたいです！」と即答しました。家に戻り兄の承諾も得て、すぐにアルバイトをすることになりました。

初日から土を運んだり穴を掘ったり、すべてが嬉しくて、一日中、アクセル全開で働きました。中学生時代の同級生も大学の春休みでアルバイトに来ていましたが、同級生が土を一回運ぶところを私は三回は運んでいましたから、「変人」扱いされるほどの働きぶりでした。

それでも、今までこんなに働ける喜びを感じたことはありませんでしたし、一に借金返済、二に彼女との復活、三、四がなくて、とにかく働くしかありませんので、無我夢中で働いた約二カ月間でした。

そして繁忙期も終わり就活をしなければと思っていたところ、社長さんより「うちで働いてみないか」と声を掛けられました。ありがたいお話と思い、この会社で頑張ってみようと決めました。

そして、やっと落ち着くことができると思った矢先に父が他界しました。

父は私が幼少の頃から体調を崩し、入退院を繰り返していたこともあり、家計はいつも苦しかったようですが、そのような状況でも、末っ子の私は我がまま放題で、いつも父から叱られていました。鉄拳も飛んできますし、裏の柿の木にも縛り付けられますし、ちゃぶ台もひっくり返しますので、小さい時からとてもこわい存在でした。

そんなこわい父は、体はがっしりしていましたが、日頃は優しくて見た目も若かったので、学級参観日には父に来てほしいなと思っていました。一度だけ、教室の後ろの方で静かに見守ってくれたことを今でも思い出します。

家にいる時はいつも酒を飲み、一緒に外出しても私は酒屋の前で待たされるなど、本当に死ぬまで酒が好きな父でした。

そんな父を一度だけ喜ばせたことがありました。それは、まぐれで高校入試に合格した時です。名付け親がいる霧島神宮に夜行列車に乗って二人でお礼参りに行きましたが、当然父と二人の旅行は初めてです。車中では父はいつものように酒を飲んでいましたが、神宮では一番上のご神殿まで進ませていただき、居住まいを正して祈禱を受けたことを思い出します。

その後は破天荒《はてんこう》で心配ばかり掛けていましたので、「弘延はいつも家におらんが、どこに行っているんだ」と言っていたようです。

たまに帰ってくると軽トラを勝手に乗り回して、街路樹にぶつけて大破させるなど、私はかすり傷で済みましたが軽トラは廃車です。さすがにこの時だけは土下座で謝りましたが、鉄拳が飛んでくることもなく、あきれて肩を落としていましたね。

亡くなる一年位前には、見た目には痩せることもなくがっちりしていましたが、言い争いになり思わず父を投げ飛ばしてしまい、父の体力が落ちていることにショックを受けることもありました。

父は四十歳半ばから肺結核になり、最後は肝臓がんで六十歳にしてあの世に逝きました。何の前振れもなく、私が夕方仕事から帰ると置き手紙があり、「みんな病院に行きますので、帰ってきたらすぐに来てください」と書いてあり急いで行くと、すでに昏睡状態で会話もできず、数時間後に静かに息を引き取りました。

亡くなる前、医者から兄と私の二人が呼ばれ、「生真面目でストレスを溜めやすいタイプのお父さんのように、無理をすると同じような病気になりますから気を付けてください」と言われました。その時、兄のことは心配しましたが、私には無縁の話だと考えたことを思い出します。

しかし、その後私も少しまじめになりましたので、その言葉のお陰で節制することができたことを感謝しています。

そして私も元気に父の年齢を迎えることができました。

父の思い出話が少し長くなりましたが、父にも兄にもずいぶん迷惑を掛けた私は、すべてを失い「今から頑張ろう」という時の父の他界でしたから、悔やんでも悔やみきれません。どのような言い訳をしても親の庇護の下だったのです。

この世に父がいなくなり、天国からいつも見られていると思ったら、陰日向は絶対にできないと思いました。まずは、真剣に仕事に打ち込むようになった二十一歳の春です。

父が亡くなり、仏壇には毎日手を合わせるようになりました。「立派になって、いつか良い報告ができるよう頑張りますので、見守っていてください」ということで、これからは毎日が〝天からの監視〟付きです。

造園会社まで自転車で十分の通勤で、死んだつもりで頑張り仕事を終えると、六時頃には帰宅し風呂に入り食事をして少し寛ぐと、どこに行くこともなく寝るだけの日々です。

当然ですが、まずは「借金返済」です。兄が借金の肩代わりをしてくれましたが、その管理を兄嫁にしてもらうこととなりました。

　祖母・母・兄嫁と三世代の嫁姑が同居するこの家族で、義姉は小舅の私まで面倒を見なければなりませんので、今でも申し訳ない気持ちでいっぱいです。毎月の給料は封を切らずに義姉に渡し、二万円の小遣いをもらうことに決めましたが、もちろん、それで充分でした。

　ありがたいことに晩酌も食事もさせてもらい、弁当も母が作ってくれました。八十歳を過ぎた祖母は、視力はかなり落ちていましたが、まだまだ元気でいつものように「あなたは大丈夫」と、ピグマリオン・ビームを飛ばしてくれます。

　本当に家族には感謝です。

　それから毎月の給料日には、給料袋をまずは仏壇に供え、手を合わせて、天からの監視人に感謝の報告をさせていただきました。


　さて、仕事の話に戻りますが、造園への道を志すことになった決め手は「水鉢」でした。

　私の言う「水鉢」とは、木を植えた時に水が溜まりやすくなるよう土で作る堤防のようなものです。

　用途は水溜めですが、木コテなどを使って円錐状にきれいに仕上げる土の造形で、用途だけを考えるとここまで繊細さが必要なのかと思いましたが、これこそが物造りの原点のような気がして、「造園」に興味を持ちました。

朝の早い業界ですので七時頃には出社し、入社当初は個人様邸の作庭と手入れが多かったので職人さんに付いて、材料運びや掃除ばかりでしたが、物造りの喜びや、美しく変化していく喜びを肌身に感じて仕事をしていました。

当然、職人の世界ですから「技術は見て覚えろ」ということで、仕事をしっかり見て、休憩時間に色々と質問していたことを思い出します。

そのような職人としての修業もさせてもらいながら、現場に出られない日などは、専門書を引っ張り出し庭の図面を書く勉強などもさせていただきました。また営業経験を活かし、企画書を作成し飛び込みで営業に行くこともあり、とにかく積極的に仕事に取り組む毎日でした。

そのようなことを一生懸命しながら半年位が過ぎますと、福岡市での街路樹剪定作業の現場に行って写真を撮るよう命じられました。初めての経験でどうすればよいのか分かりませんでしたが、今まで撮った写真を見せてもらい、現場に向かうことになりました。

見せてもらった写真は、「着手前」、「作業中」、「完了」の三枚綴りになっていて、比較できるよう同じ場所で撮るよう先輩に教えられました。

そしてそれを数十メートルごとに撮影するよう指示がありましたので、現場に着き、運転免許を持ちませんので何キロも歩いて、「着手前」を写しました。

それから、どうすれば三枚の写真が同じ場所で撮れるかを自分なりに考え、次のような方法で撮影しました。

①「着手前」を撮る時、黒板の右角にマジックで角マーク（L）を付けます。
②立った位置の中心にマジックで◎を書きます。
③ファインダー内の黒板を右下角に配置するよう撮影します。
④マジックが残っているのでその位置で「作業中」、「完了」を撮ります。
⑤それを数十メートルごとに繰り返し行います。

普通に当然の方法と思っていたのですが、その写真を整理して元請けの会社に提出しますと、担当者から「こんなきれいに揃った写真は初めて見た」と絶賛されました。私もこんなに褒めてもらえるとは思いませんでしたので驚きましたが、逆に何も知らないのがよかったのかもしれません。

そのような仕事ぶりを聞きつけた他の元請会社さんからも声を掛けていただくようになったことを思い出します。会社としても公共工事の下請けは始めたばかりのようで、社内で詳しく教えてくれる人も少なく、いつもぶっつけ本番でしたが、元請けの監督さんからは色々と教えていただくようになりました。

造園を志す者とすれば、奥の深い仕事であることを認識しながら、とにかく勉強の一年が

初めて作庭した日本庭園

あっという間に過ぎたような気がします。
さらに運転免許証も取得して、仕事の幅も広がっていきました。

それから、仕事に没頭した一年でしたが、あの彼女との間にも動きがありました。実は就職して三カ月が過ぎた頃に、少し落ち着いたので、ずっと思い続けていた彼女に思い切って電話をすることにしました。

しばらく沈黙があったような気もしますが、すぐにこれまでの空白期間の互いの出来事を語り合っていました。

それからは、今みたいに携帯電話などありませんので、自転車を五分飛ばして公衆電話から時々電話するようになり、半年ぶりに再会することとなりました。

当然、車には乗れませんので電車に乗って、JRの駅で待ち合わせをして、久しぶりに再会した彼女は、少し大人になった感がありました。

私は肌の色は真っ黒で髪は短髪にしていましたので、あまりの転身ぶりに彼女もビックリしたようでした。

彼女と知り合ってから三年以上になりますが、初めての公共交通機関を使った徒歩デートで、電車を乗り換え、駅から彼女の家まで徒歩で三十分位掛かったと思いますが、近くの公園まで送って行くと、改めてお付き合いを申し込みました。私の失態で付き合いをやめることになったわけでしたが、それからの巻き返しを彼女もきっと認めてくれたのだと思います。快く承諾してくれて交際が再開しました。

そしてさらに、仕事のへの意欲が湧いてきましたので、仕事も恋愛も借金返済も順調に進んでいきました。自分の心持ち一つで、出会う人や取り巻く環境などすべてが好転することを肌身に感じました。

同級生が大学を卒業する時期、私も三年間の経済学に一年間の造園実習を終え、授業料もしっかり払わせていただき、私の社会人大学も卒業です。

そして、ここからは造園の世界へ、ますます野心が湧いてきます。

第3章　独立への道のり

1　仕事への野心

入社二年目頃からは、現場責任者として現場の段取りなどを任されるようになっていました。といっても、技術的には基本的な剪定や刈り込み、縄での結束ができるようになった程度で、知識的にもまだまだ勉強することがたくさんありました。

それでも、お金の計算をし、現場の段取りもしながら、職人さんや元請けの監督さんなどから技術的なことの他にも色々なことを教わりながら頑張っていました。

その頃の担当業務は、個人邸の手入れや作庭と、福岡市の造園会社の下請け業務で、団地や公園、街路樹などの維持管理が多かったと思います。

そのような状況の中、造園は幅広い分野を勉強しなければなりませんでしたが、まだ二年目というのに何故だか独立願望がメラメラと湧いてくるのです。

個人邸の作庭も好きでしたが、福岡市に出てみると仕事量も半端なく多く、何より、どの会社にも活気があるのを肌身で感じていました。

まだまだ借金返済中で二万円生活の私です。独立なんていつになるか想像もつきませんでしたが、「夢と願望は持ち続けよう」と、私の心の中にいるあの「ナポレオン・ヒル」がつぶやいていました。

さらに、「独立するなら福岡市で始めよう」と勝手に思っていましたが、思っているだけでも、知らず知らずに行動に出ていました。

お世話になっている元請けの監督さんたちに「福岡市で独立可能ですか」と普段の会話の中で聞いていました。そして、印象に残っている返事が「福岡市で独立しても役所の元請け工事は最低十年取れないよ」と言うので、「そんなに厳しいのだ」と思い、さらに聞いてみると、「仕事も多いが、業者も多いところに、この業界はものすごく封建的な組織だからなかなか一筋縄ではいかないよ」とのことでした。

その時は「まあ、何かチャンスが巡ってくればいいけどな」ぐらいで、それほど深く考えてはいませんでしたが、夢を現実にするには厳しい業界だと思いました。

仕事も三年目に入り、個人庭園も設計施工で三軒作庭させていただき、公共の下請けについても維持管理から軽微な工事なども担当させていただくようになりました。現場の技術者から責任者まで仕事の幅も広がり、与えられる仕事はかなりできるようになり、依然頑張る日々が続きました。

そして、造園にご縁をいただき三年が経過する頃、次なる大きな転機が訪れます。

福岡市に本社を置く造園会社の下請けで、高層住宅廻りの駐車場工事で植栽担当の責任者として従事することになりました。大手ゼネコンとの出合丁場《であいちょうば》（複数の業者が同時に作業すること）の現場でしたので、元請けの監督さんは調整と段取りでてんてこ舞いだったことを思い出します。

あまりに大変そうでしたので、植栽担当の枠を超えて、元請けの監督さんのお手伝いもしていましたら、そのうちゼネコンの所長さんとも仲良くなり、現場がスムーズに終わっていきました。気が付くと元請けの監督さんが現場からいなくなっていましたから、監督さんも掛け持ちで忙しかったのだと思います。

時代はまさにバブル期を迎えた頃でした。

お陰さまで役所からの評価も良く、元請け会社からお褒めの言葉もいただきました。さらに、「年度明けからもかなりの受注が期待できそうなので、うちの会社に入りませんか」と声を掛けていただきました。

これって引き抜きなのか、私にとっては福岡進出の願ってもないチャンスです。しかし、今の会社にお世話になっていますし、私の一存では当然判断できません。

それから会社同士の話し合いになり、どんな密談が行われたかは分かりませんが、両社にとってお互いメリットのある条件が整ったのだと思います。あっさり移籍が決まりました。

入社して三年、造園の修業としてはまだまだですが、夢の福岡市へ第一歩を踏み出すことができたのです。

間髪入れず新会社に移籍して、一カ月位は自宅から通いながら、年度末工事の手伝いと新年度から始まる仕事の準備をしていました。そして、四月一日から始まる元請けで受注した公園維持管理の「現場代理人」に私は任命されました。

その仕事は、福岡市東区にある約三百カ所の公園を維持管理する福岡市からの委託業務で、その「総責任者」が私の仕事です。

ということで、住まいも福岡市へ移し、緊急時でも対応できる万全の体制が求められました。しかし、借金返済中の二万円生活の私でしたので、果たして家を出られるのか、取り急ぎ兄に相談してみました。

すると、どうでしょう、三年間ですべての借金返済が終わり、それどころかわずかな貯金ができていました。

兄も義姉も「これで肩の荷が下りた。もう心配掛けるなよ」と快く送り出してくれました。

本当に家族には感謝しかありませんでした。

すべての歯車が良い方向に回り出したような気がしました。

さて、福岡での一人暮らしも始まりましたので、この流れで結婚までできればと行動を起こしました。

彼女のお父さんには、私が造園を志した頃に一度結婚したいとの意思を伝えたことがあり、その時は「もう少し技術を磨いて考えなさい」と言われましたが、それから三年が経ちましたので、私の身内に相談してからお願いに行こうと思っていたところ、今までの失態もありますが、私の方の事情でなかなか進みませんでした。すんなり進まない上に、私の配慮も足らなかったと思いますが、彼女とはご縁がなかったと思った方がよいのかと悩むまででした。

しかし、信仰心が篤く、「神宮の暦」などで身近な人の運勢を見てあげるなどのお世話をしていた祖母から、「辰年の早生まれの女性は素晴らしい人ですよ。この人なら間違いありません」の一言で一気に進展したのです。

田舎の風習などもあり、大事な娘さんをいただくために必要なことも教えられましたが、私の熱い思いと誠意を伝えるしかありませんでした。

彼女のお宅に伺い、私の現状や思いを語らせていただくと、快く承諾してもらえました。さ

ハワイでの挙式

らに彼女のお父さんからは、「しきたりなどに拘ることなく、思い出に残る結婚式をしなさい。ホテルに大金を払うような結婚式ではなく、二人だけでハワイにでも行って挙式してきたら」と言われ、田舎のしきたりも吹き飛ばす斬新な発想には驚きましたが、その言葉に甘えさせていただき、やっと結婚への運びとなりました。

実際に、私の少しの貯金と彼女のたくさんの貯金で、ハワイで二人きりの挙式を挙げさせていただきました。

十八歳で知り合った、あの「愛嬌のある小柄な女の子」と、六年の交際を経て「感謝」の一日を迎えることになりました。

ハワイでの挙式を終え、身近な人に料亭でお披露目をし、新婚生活をスタートさせましたが、貯金はほとんど使ってしまった上での、全くのゼロからのスタートでした。

それでも、祖母のお墨付きももらい、皆さんに祝福され、とても幸せでした。

余談ですが、後に祖母も「辰年の早生まれ」と聞いて「なるほど」と思いました。

さて、福岡市の造園会社に移り、公園の管理業務を任され、さらに結婚もして福岡市での第一歩を踏み出した私ですが、やはり最終目標は福岡市での独立です。

ある程度目標も明確にし、業務にあたることが大事と考えていましたので、「早ければ三年で独立したい」と社長にもお伝えして入社しました。

最初に担当することになった公園管理業務は、植物管理や除草・清掃などがメインの業務ですが、公園数も多く広範囲でしたので、複数の協力業者で班を編制し、その取りまとめが私の主な業務となりました。

当然、役所の監督員との打ち合わせを密に取り、スムーズな運営が要求される仕事です。

また、公園の管理人や野球場の管理人を雇用し指導する仕事も業務の中にありましたが、この管理人さんたちは長年同じ人で、逆に私たちが指導されることも多くあり、かなり気を遣って接していました。

六人位いた管理人さんたちからは結構可愛がってもらいましたが、トラブルもよく発生しますし、時には意見がぶつかり合うこともありますので、長引かせず解決するのが一苦労でした。それでも、このような出会いと経験が私を成長させてくれると思って働きました。

それから、当時は独立に必要なことは何かを常に考えていました。技術や知識は当然ですが、やはり大事なのは「人間関係作り」と思いました。

当時の上司で福岡大学の土木学科を出たM課長を見ていると、福岡市の土木職員はこの大学出身者が一番多く、先輩・後輩がたくさん居るようで、豊富な情報収集に現場もスムーズに遂行するなど、良い関係性の大切さを感じていました。

私は全くの畑違いからの参入ですから、当然、知り合いすらいませんでした。

そういうことから、まずは福岡市職員との「ゼロからの人間関係構築」が、私の最初の目標となりました。多くの監督員（市職員）と出会う機会も増えてくる中、一人一人の方と丁寧に、一生懸命お付き合いをさせていただくことを肝に銘じて業務にあたるようにしました。

2　ホントによか時代でした

福岡で造園会社に就職した一九八八年は、まさに「バブル景気」の真っ只中でした。

私が最初に携わった「公園維持管理」の業務は、責任者として三年間遂行しましたが、合間に他の仕事のお手伝いもしました。

まずは一八八九年の「アジア太平洋博覧会（よかトピア）」の開催に向け、工事が急ピッチに進んでいましたので、入った年は大忙しでした。

それから一九九〇年の「とびうめ国体」においては、公園管理業務の中で高校野球会場での管理業務もありましたので、球場の再整備や芝生のメンテナンスに気を遣いました。少しでも良いグラウンド・コンディションでプレーしていただこうと整備に努め、高校生を迎え入れたことを思い出します。

その中で印象に残ったのは、鹿児島実業高校の内之倉隆志選手でした。当時、甲子園で春・夏と大活躍してホークスに入団した選手ですが、国体でもバックスクリーンへのホームランは強烈でした。

そうして、あっという間に三年が過ぎバブルも崩壊しましたが、福岡では一九九五年に「ユニバーシアード福岡大会」が決まっていましたので、「博多の森」（東平尾公園）を中心に競技場の整備や周辺の環境整備などで、まだまだ大忙しでした。

とにかく私が入社して六年間、業界は活気に満ちあふれていました。

しかも、私の当時の会社は中洲から歩いて十分程度の立地にありましたので、夕方になると、お客さんや協力業者の方が頻繁に打ち合わせに訪れ、私も中洲へと連れて行ってもらうこともありました。

このような時期でしたので仕事も充実していましたが、これからの人間関係作りも重要と考えていましたので、様々な業種の方と趣味を通じてご縁ができればと思っていました。

ここで仕事からは少し離れ、趣味のお話をさせていただきます。

結婚前の趣味は主に野球でしたが、結婚して最初にお付き合いのあった造園会社の社長さんは、業界でも当然先輩ですが、高校の野球部の先輩でもありました。

そして誘われたのがソフトボールです。先輩もずっと草野球をされていたようですが、少し歳を重ねソフトボールでもと思い参加してみると、自慢のバッティングでいきなりの三回連続三振を食らい、すごい球だと驚いていると、なんと相手の投手は現役の国体選手だったそうです。そんな国体選手もいるレベルの高い早朝リーグに、私も誘われることになりました。

そこで先輩たちは壮年の部の国体出場を目指していましたが、さらに次世代の選手も育成しようと、リーグ選抜選手で次世代チーム結成をしようとする頃でした。すると私も選抜されることになりましたので、日曜日は早朝から一日中ソフトボールの試合があり、水曜日はナイター練習、さらに時間があれば自主練習です。野球からソフトボールにバッティングフォームを変えるなど、仕事の合間を縫って真剣に取り組んでいました。

家庭では、なかなか子育てに協力することもできず、好き勝手にやっていた私ですが、「これも将来の人脈作りだ」と妻に言って許しを得ていました。

しかし、いくら若いからと言って無理をしていると、体が不調を訴えてきたのです。試合中に背中にタッチを受けて痛みが走り、次第に息苦しくなりました。すぐさま病院に行って検査を受けると、肺気胸（肺に薄い膜の部分があり、そこが破れて一時的に空気が漏れ、肺が縮む病気）との診断を受けました。一週間程安静にしていれば治りましたが、生まれつき肺に薄い膜の部分があったらしく、その時は右肺でしたが、後に左肺も発症しました。一度に両肺に発症すると死の危険もあったとのことでしたから驚きました。

それから、冬になると、肺を含め気管支が弱いせいか、扁桃腺からの高熱に襲われ、毎年一週間は寝込んでいました。

しかし、独立を目指していた私は、会社を経営するためにまず重要なのは、「気力・体力」と考えていました。さらに、守るものも多くなります。

「健康でなければ、経営はできない」と思い、二十九歳の時に趣味をセーブすることを決め、吸っていたタバコもきっぱりと止めました。するとどうでしょう。「タバコは百害あって一利なし」と言いますが、それ以降、高熱に見舞われることはなくなりました。

数年間楽しませてもらったソフトボール・リーグでしたが、幅広い年齢層に異業種の方とのご縁もたくさんできました。

後のエピソードとして、公共工事でしたが打ち合わせ不足で民間の土地の境界杭を飛ばしてしまい大問題になり、復旧にはかなりの費用と関係者との調整に時間も掛かることが判明しました。その時にリーグでご一緒していた「土地家屋調査士」さんに相談してみると、気持ちよくテキパキと事を納めていただきました。当然掛かった費用の精算をお願いしましたが、「真武が困っていたから助けただけ。お金は要らん」と言われ、お金以外のお礼はしましたが本当に感謝の気持ちでいっぱいになりました。そんなご縁ですので、数十年経った現在もお付き合いをさせていただいています。

これはほんの一部で、他にもたくさんのエピソードがあり、趣味を通して多くのご縁をいただいたことは今でも私の財産になっています。

この頃は色々な意味で、ホントによか時代でした。

3　独立に必要な経験

福岡の造園会社に入り、当初三年間頑張って独立したい旨を社長に伝えていましたが、三年間で学んだのは公園、緑地の維持管理が中心で、工事については歴史ある「大名小学校煉瓦塀」の改修工事を経験――これは小さな工事でしたが、当時の新聞に紹介されるなど、やりがいのある仕事でもありましたので改めて紹介します。担当させていただいた工事はこの程度で、もう少し経験を積まないと独立は難しいと考えていました。それに資格も必須です。

一級の造園や土木の施工管理技士の資格を取得するのに、最短でもあと一年は実務経験が必要でした。やはりまだ独立には時期尚早と思い、社長に「もう三年間働かせてください」とお願いし、快く承諾をいただきました。

思えば三年周期に転機が訪れるような気がしました。「石の上にも三年」と言いますから、「何事も習得するのに三年は必要ということかな」と思い、それを目安にしていました。

修業も三年間延長していただき四年目に入りましたが、夏場は相変わらず緑地などの維持管理業務をしていました。

そして、秋頃に会社が受注した新設中学校の植栽工事で、初の大規模工事の現場代理人（現場の総責任者）となりました。植栽工事でしたのでかなり経験はありましたが、出合《であい》の業者さんとの調整が大変だったことを思い出します。

五年目に入って、次に現場代理人を任命されたのが野球場の改修工事でした。

私にとっては、野球を楽しむ側から楽しませる側への球場整備ですので、やりがいもありました。

そして恵まれていたのが周りの環境です。

以前ご紹介した私の上司は福岡大学の土木科出身で、前職が測量士でしたので、測量や土木の技術、役所への対応や施工管理の要領を学ぶ機会がたくさんあり、この工事でもご指導をいただきながら取り組むことができました。

また、協力業者のほうにも優れた方が多く、技術的にはもちろん、多くのことを学ぶことができる現場でしたので、毎日楽しく励んでいました。

しかも、以前維持管理していた球場でしたので、顔なじみの管理人さんに地元対応もしていただき、スムーズに現場を進めることができました。

とは言っても、当然現場での苦労は付きものです。何とか工事も終わり検査を迎えることとなりましたが、グラウンドに設置した側溝の蓋が特注で、検査までに数枚ですが入荷しないことが判明しました。

仕方なくその場しのぎで、寸法の合わない蓋を設置して、後で入れ替える覚悟で検査に臨みました。

幸いそのへんの指摘は無く、それよりも、ホームベースに置いた測量器械でファールポールの位置を確認されると、バッチリ九〇度なのに感動していました。当たり前のようですが、防球フェンスの柱兼用でしたので、結構苦労をしました。

お陰さまで、現場検査はたいした手直しもなく終了です。

そして書類検査ですが、ギリギリまで掛かって仕上げた膨大な書類をしっかり検査官に見てもらい、少しの訂正はあったと思いますが、無事終了しました。

すべての検査が終わり、たいした手直しもなく、嬉しさと達成感でいっぱいの中、早速、会社に戻って社長に報告です。少しは喜んでくれるのではと思いきや、それほど喜んではくれません。

これまでも、役所の方からいくら誉められても喜ばない社長でしたが、仕事に対しては特にとても厳しく、結果を形にしないと認めてくれませんでした。

そんな社長に、「いつか誉めさせてやる」と闘志みたいなものを抱いていましたが、数日後市役所より一本の電話がありました。それは「工事成績優良業者」で表彰のお知らせでした。

この時ばかりは大変喜んでもらい、祝賀会を開催され、感謝状に金一封までいただきました。

なるほど「結果を形にするということはこういうことか」と思いました。

数年後、社長の経営目標を書いた古いノートを見せてもらう機会がありましたが、そこには、「福岡市の工事で工事成績優良業者の表彰を受けること」と書いてありました。あんなに喜んでくれた訳がその時に分かりました。

独立に向け、技術者として表彰も受けたと言っても、周りの人に恵まれていただけで、自分の技術が優れているというより、「運」が良いだけでした。

しかし、「資格」は「運」だけでは取得できません。

計算しますと、入社六年目に実務経験も満たし取得が可能となりました。

「一級造園施工管理技士」を持っていれば造園会社の独立としては充分ですが、自分のスキルを上げるためにも「一級土木施工管理技士」の取得も目指していました。

ところが、高校卒業の学歴では、いきなり一級を受験することはできません。まずは二級を取得するのが必須でした。そこで四年目に造園、五年目に土木の二級を受験し、六年目に一気に造園と土木の一級を受ける計画を立てることにしました。実は、造園の試験内容には土木の要素もかなり含まれていましたので、同時に受けることにより学習量が減らせますし、一年集中すれば取得可能と考えました。

試験勉強中

そして計画通り二年間で造園と土木の二級の取得に成功し、本題の一級取得へ向けて勉強開始です。

一級造園の試験は、二級より少しグレードが上がるくらいの感覚でしたが、一級土木の試験は範囲もかなり広がり、想像を絶する大規模な土木工事も含まれますので、そんなに甘くはありません。そこからいくつかの分野を選択するわけですが、分野別の参考書だけでも四～五冊購入し、プラス問題集を何冊か買い、あとは頑張るだけでした。

表彰を受けた平成五（一九九三）年の年度末が終わり、七月に一級土木の一次試験、九月に一級造園の一次試験を受験し、合格しますと十一月（土木）と十二月（造園）に二次試験が受けられます。

高校受験以来の猛勉強でした。勤務の合間も少しでも時間があれば勉強。帰宅しますともちろん禁酒で、夜中まで集中して頑張りました。

そして、土木も造園も一次試験を突破することに成功しましたが、気を抜くことなく、二次試験の勉強も積み重ねて、試験に挑みました。

年が明け、土木・造園、立て続けに「合格」通知が送られてきた時には、本当に嬉しかったです。まさに、有言実行というより、「目標が明確になると、実行力が高まります」。そのようなことを実感しました。

福岡市の会社に勤務させていただきそろそろ修業も終える頃、最後の現場を迎えることになりました。現場は福岡市ではなく隣町の仕事で、調整池廻りに遊歩道と公園を造る工事でした。

この工事は、三社の共同企業体で、地元の業者が代表となってその会社の方が所長を務め、私は副所長的存在でした。

所長は土木会社の勤務が長く、熟練された技術屋さんです。私も福岡市で鍛えられた技術でそこそこ自信を持っていましたが、ここは地元のやり方に従わなければなりません。

確かに新たな企業体の上司として、学ぶこともたくさんありましたが、この工事での私の役割や工事の進め方がどうしても納得がいきません。

しばらくは我慢していましたが、このままでは私の力が発揮できないと思いましたので、「私なりのやり方で工事を進めさせてください」とお願いしました。

「それなら勝手にやれば」と言われ、それからは自分なりのやり方で工事を進めていきましたが、当然ですが所長との関係はギクシャクしていきました。共同企業体の所長として敬意をはらいながら、毎日顔を合わせなければなりませんが、本音は胃が痛くなるほど、顔を合わせたくありませんでした。そう思えば思うほど、顔にも態度にも出てくるような気がしましたが、私がそんなことでは共同企業体の調和も取れません。

そこで、「ここは人間成長の場」と頭を切り替え、次の朝から、現場に着く五〇〇メートル前の信号から、「所長大好き、大好き、大好き」と毎日何度も唱えて現場へ向かうことにしました。それからは所長とぶつかることもなく、技術的にも人間的にも成長できた、思い出に残る現場となりました。

後に所長から当時の話を聞くと、「せっかく共同企業体の機会だから、仕事の工種別にどのくらいの人件費などの費用が掛かっているかなどの調査もしてほしかった」と言われ、色々な角度から大事なことを考えていたことに気付かされました。

さて、素晴らしいご縁の中での修業も終え、会社も円満退社させていただきました。六年間で、技術、営業、経営、業界と多くのことを学べた良い環境でした。

まだまだ未熟でしたが、お世話になった多くの方に感謝し、新たな出発ができたことを実感しました。

4　夢の実現は人生の通過点

造園業界に入り、丸九年が経ちました。

三十歳にして独立予定のはずでしたが、実はその二年前にはすでに独立を決めていましたので、そのことを少しお話ししたいと思います。

今の会社に三年の修業延長を申し出て、すぐの頃だったと思いますが、通り掛かりのお墓の前で、ある造園会社の社長さんと遭遇しました。暑かったので墓地の中の日陰に入り、意外なお話がありました。

この社長さんは以前よりご縁の深い知り合いですが、後継者で悩んでおられたようで、「専務待遇で私の会社に来ませんか」と突然の申し出がありました。

当然、独立のチャンスとも思いましたが、今の会社にお願いして三年間働くと決めたばかりでしたので、ここはすぐにお断りさせていただきました。

しかしその一年後に、意外な方向へと展開していきました。

数年前より私の独立に賛同し、色々と相談に乗っていただける恩師がいました。その方から、「ゼロから独立しても、福岡市で仕事を受注するにはかなりの年数が掛かるから、既存の会社を継承した方が良いのでは」とのアドバイスをいただいていました。そんな折、私が一年前にお断りさせていただいたあの社長さんが、今度はその私の恩師に会社継承の相談に来られたのです。

話を聞くと、後継者問題もある中、今後の経営にも不安があったようで、共通の知り合いである私の恩師に話を持ち掛けたようです。すぐさま私に連絡があり、「検討してみないか」と言われました。

まさかの福岡市で造園会社として独立できる絶好のチャンスでしたので、早速、決算書などの内部資料や条件などの提示をいただき、検討させていただくことにしました。

年商五千万・有価証券五百万・固定負債○千万・慰労金○千万円と生々しいですが、本当に厳しい条件でした。

そこで相談したのが、同じ町内でいつも可愛がっていただいていた、法人の会計に詳しい銀行員のNさんでした。しっかり資料に目を通され、言われたのが、「真武ができると思うのなら、できる」でした。その言葉を聞いてすぐさま前向きに進めることにしました。

まずは今の会社での残り二年間を辞めるわけにはいきませんので、どのように過ごすかでしたが、しばらくは現社長も在籍し、話を受けた恩師の会社もバックアップしていただけるということでしたので、しばらくは何とかなりそうだと思いました。

さて、資金をどう捻出するかですが、慰労金は金額をもう少し交渉して、さらに分割払いでの支払いをお願いしました。

問題は資本金（有価証券）でした。これだけはすぐに現金が必要ですが、結婚して四年目（二人の子持ち）ですので、当然貯えはありませんでした。しかも、「若気の至り」で散々自分の身内には迷惑を掛けていますので相談などできません。

残る頼みの綱は妻の実家でした。商売をしている分、金銭に対しては厳格な両親ですが、妻に相談して頼みに行くことにしました。

そして私の思いを熱く語らせてもらうと、毎月の支払い条件などをきちんと提示した上で、借りることができました。当然ですが、今でも女房には頭が上がりません。

しかし、有価証券全額分とは行きませんでしたので、残りを恩師の方とその関係者にも出資していただき、何とか前に進むことができました。

その後、幸いにも仕事も順調に受注でき、現社長と従業員さんにもそのまま頑張っていただき、会社も私の自宅の近くでしたので、帰りに覗いてチェックするぐらいで運営ができましたから助かりました。

それから二年間の「二足のわらじ生活」でしたが、あっという間に過ぎていったような気がします。

そして、ここからが経営者として本腰を入れての出発です。まずは借金返済からの厳しい経営が始まりますが、造園を志し、夢を叶える第一歩の始まりです。

やりがいのある日々にワクワクもしていましたが、それより資本を増やし、株式会社として、きちんと私主導の会社にしておかなければならない、これまでの経緯で出資してくださっている方々にも感謝しながら、今後は私が筆頭株主となり、ご恩を返していかなければならない、と思っていました。

取り急ぎ、あと五百万円、自己資金が必要と考えました。

これまでの二年間、色々な方にバックアップをいただき進めてきた会社ですが、今後、乗り越えなければならない課題が山積しています。会社の負債に組織の問題、会社の継承についても簡単ではありませんので、色々と相当なエネルギーが必要です。

とりあえず、今の資本のままでスタートしても良かったのですが、やるからには決断できる儀式みたいなものも必要だと思いました。

そして、「あと五百万円、資本を投入して株式会社にしよう」と考えましたが、貯金などありませんし、最初の出資で妻の親から借りたお金も返済中でした。

しかし、ここは妻の実家にもう一度相談するしかありませんでした。

妻は毎月の返済が月末払いのところ、一週間前には振り込む気遣いで返済をしてくれていましたが、一度だけ早めに振り込めなかった時、確認の連絡が入るほど厳しかったのです。それでも覚悟を決めて頼みに行きましたら、「とりあえず、現在の残額を完済すれば良いですよ」という返事でした。

普段は優しい義父母でしたが、約束事には厳しく、商売の基本である「お金にまつわること」についてはたくさん学ばせてもらいました。その時は聞く耳を持っていたかは分かりませんが、取り急ぎ、妻がわずかな貯金や保険を解約してくれて完済し、改めて借り入れができました。

どれだけ家庭を犠牲にしてまでも自分のしたいことをするのか、今考えると恐ろしいですが、当時は大きな願望だけで進んでいましたので、抱えるリスクにさらに上乗せをしてのスタートでした。

まず、七百万円を出資し株式会社にすることにしましたが、今までお世話いただいていた出資者の方からもさらに出資すると言われるのです。資本が多くなるのは嬉しいのですが、そんな経緯を身近な知人に相談してみますと、「後で揉めることになる場合もあるので、株は過半数を確保しておいたほうが良いですよ」と言われ、言われる通りと思いはしましたが、その時点ではそこまで深く考えていなかったと思います。それから出資者の方に色々なご提案をいただき、私の五〇%出資（資本金一四〇〇万円）で無事登記を終えました。

そんなことより、資本も増え、私をバックアップしてくださる皆さんのお気持ちのほうが嬉しかったです。

さあ、あとは多くの課題に向かい、死ぬ気で頑張るだけでした。

独立してのスタートと言っても、私が造園を志してから「描いた夢」にはまだ到達していませんでした。独立したとはいえ、まだ「社長」となることはできないのです。

資産だけでなく負債も引き受け、実質運営はしていかなければなりませんが、業界に認めてもらわなければ会社を継承できないという問題がありました。

昔は、業界団体に加盟していないと仕事の受注に影響が出るほど「封建的な組織」でしたから、後継者は子供か番頭でないと認めてもらえませんでした。私のように遠縁ぐらいでは、全く説得力がなかったのです。

この継承問題は、業界の皆さんから「もう社長替わったら」と逆におっしゃってもらえるくらい頑張らなければならないのだと思い、積極的に業界のお世話をするようにしました。

しかし、そうは言っても会社の資金繰りも大変です。私が代表ではないために銀行からの借り入れもできず、お客様に前受金をお願いしたり、国民金融公庫に相談したりと大変な状況で運営していました。

それでも、急速に業績も上がり、「連名の代表取締役で融資ができますよ」と銀行よりお話をもらい、独立して二年目の平成八（一九九六）年に運営面の「代表取締役」に就任しました。

肝心の仕事は、前からの社長を含め全員で五名の会社でしたが、我武者羅《がむしゃら》にこなすしかありませんでした。

当時はほとんどが下請けでした。造園工事といえば木を植えたり庭を造ったりというイメージがありますが、福岡市発注の造園工事の多くは造成や舗装などの土木分野が八割程度で、木を植える仕事は二割程度しかないのです。

そんな状況の中、同業者は土木の分野を苦手とする会社が多かったです。私はこのような仕事をトータル・コーディネートするのが得意で、さらに報告書などもどのような書類をどのような計算や裏付けで作ればよいか、ポイントが分かっていましたので、同業者から仕事の依頼を多く受けるようになりました。

それから二年目には、元請け工事で「福岡市長より優良施工業者の表彰をもらうぞ」と意気込み、現場代理人として見事に受賞することができました。

私にとりましては二度目の受賞となりましたが、会社としても大きな信頼を得ることができて本当に良かったです。しかも、発足時に入った社員や後の新入社員がとても仕事ができましたので、人材にも恵まれ、みんなで頑張ることができていました。

「仕事は絶対妥協しない」という思いを強く持ち、書類作りで夜遅くなり「このくらいでいいかな」と思った時も、絶対「手を抜かない」と決めて、みんなでコツコツと丁寧な仕事をしていました。その妥協しない細やかな仕事がお客様の支持を受け、仕事に繋がっていくような達成感を感じた時は、夜遅く一人残って涙が止まらなかったことを思い出します。

そうやって我武者羅に頑張った会社も売り上げ五千万円から始まり、三年目には三億円、五年目には四億円を達成し、社員数も九名になっていました。

そして業界のお世話も一生懸命に行っていた結果、「もう社長替わったら」という声も同業者の方よりいただきまして、晴れて、「福岡市での造園会社の代表者」となることができたのです。

この瞬間こそ、私が造園を志してからの「夢の実現」です。

全く畑違いの業界から造園業にご縁をもらい、その中で夢や願望を抱き十数年が過ぎましたが、諦めずに真っ直ぐ進むだけでした。

一見関係のない事象の中で、「偶然」に似た「必然」がこの世にはあることを、何度も肌身に感じ受け止めながら進んでいきました。

「願望を持って努力し、諦めなければ夢は叶う」

そして、その繰り返しが人生を有意義なものにしてくれるのだろうと思っていながらも、「次の夢を創ること」の難しさを感じるようになるのです。

結果的に、「夢の実現」は人生の「通過点」ということです。

実際この時点では、「社長」にもなりましたし、売り上げも四億まで達成しましたが、借金返済を念頭に一生懸命頑張ってきただけで、これ以上会社を伸ばし、業績の良い会社にするための手の打ち方が分かりませんでした。

しかし、そんな悩みの中から、さらに素晴らしいご縁が訪れるのです。

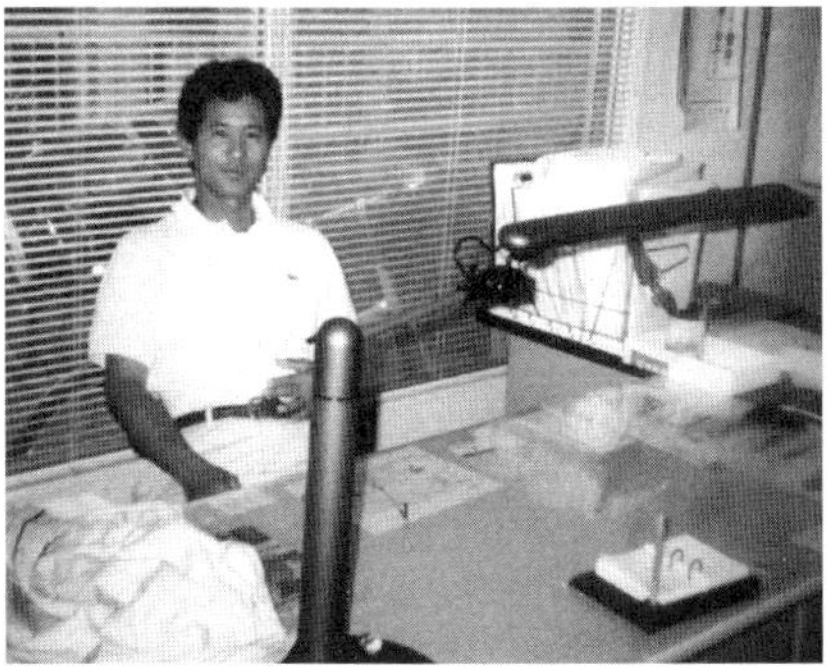

社長になりました

5　思い出の現場

まずは一つの目標を達成するまでに、たくさんの現場に携わることができました。

特に得意とする公園工事や景観工事は、子供を連れて行くと喜ぶ所が多く、休みの日には「お父さんの作った公園巡りツアー」と称して、子供たちを遊びに連れて行っては自慢していました。

そのようなことも含め、やりがいのある仕事でもありますので、いくつかエピソードなどを含めて紹介したいと思います。ここまでにもいくつかの現場を紹介していますが、ここでは福岡での観光スポット的な所を振り返ってみたいと思います。

まずは、最初に修業した造園会社で下請けの責任者として携わったのが、「名水百選」にも選ばれている香椎宮の「不老水《ふろうすい》」に隣接する広場工事で、福岡市からの発注でした。ここで「不老水」について簡単に説明してみます。

奈良時代に建立された香椎宮。香椎宮から離れた飛び地の境内にある井戸水が「不老水」です。はるか昔、仲哀天皇と神功皇后に仕えた武内宿禰《たけのうちのすくね》が献上する御飯を用意する際に使った水とされ、宿禰自身もその水を愛用し、その結果三百歳以上もの寿命を授かったといわれています。「不老水」の井戸は神官により朝入り口の扉が開かれ、人々がその小さな井戸の水を汲みに訪れる光景を目にすることができます。長寿を願い飲用する方や地元の方々のお茶や炊事など、目的用途は様々のようです。

近年は福岡のパワースポットとして訪れる方も多いのですが、水量が減っているようで心配しています。

ここでの仕事内容は、広場を整備してフェンスを取り付ける工事と記憶していますが、思い出に残るのはこの場所というより、元請け会社の社長さんとの出来事です。

現場は段取りよく進み、最後にフェンスを取り付けるだけとなりましたが、フェンスが特殊品でしたので納期は工期ギリギリでした。心配で何度も納期確認をしていますと、工期二日前に現場到着とのことで、その日は朝から職人さんと待っていましたが届きません。作業は半日程度で終わるのでせめて今日中に届けばと思っていたところ、まさかの明日の朝出荷との連絡が入ったのです。

到着が工期の次の日になることが分かり、仕方ありませんので、元請けの社長さんに事情を役所に話してもらい了承を得ていただこうと相談しますと、「私はこれまで一度も工期を割ったことがありません。どうしても間に合わせてください」と言われ、役所への相談どころではありませんでした。

短気で元気のよかった私は、即決で「分かりました」とだけ告げて、工場のある四国の香川県に一トントラックで出発です。会社の会長が一人では心細いだろうと付き合っていただき、夜を徹して、当時は四国に渡る橋がなかったので途中フェリーに乗り、早朝工場に到着するとすぐさま配達待ちの材料を引き取ってとんぼ帰り、昼過ぎには職人さんが待つ現場に到着し、組み立てて夕方までにすべてが完了し、工期に間に合わせることができました。

「不老水」とは関係のない話でしたが、長寿どころか命が縮む思いでした。後にこの社長に後継者として誘われましたので、さらに記憶に残る現場となりました。


次に福岡での大規模公園といえば、国営公園「海の中道海浜公園」があります。昔から一本道のため休日には渋滞するほど、多くの人が遊びに行く人気の観光スポットでもあります。現在でも新たな施設ができるなど進化を続けていますが、私も何度も工事に携わってきました。ウォータースライダーやデッキ工事にキャンプ場整備など、思い出の現場はたくさんありますが、その中で福岡の会社に出てきた頃にテニスコート周辺の整備に携わりました。

その現場は工期が迫り応援要請を受けて行ったのですが、最後に完成写真を写すように指示を受け、現場を確認しますとまだ片付いていません。時間がありませんでしたので、私も一緒に片付けを手伝いながら撮影をしていましたが、作業員も少なく発電機などの重量物もありますのでなかなか進みません。

そうこうしていると「時間がないので急いでくれ」との指示が来て、気が付けば重量物を次々と一人動かしていました。後でこれが「火事場の馬鹿力」なるものと思いましたが、人間追い込まれるとものすごい力が出ることを、身を持って感じた現場でした。

それともう一つこの現場には出合業者があり、私が汗だくで働いていますと若い監督が涼しげな顔で歩いていました。同じくらいの歳に見えましたので誰なのか聞いてみると、東京農業大学を出たばかりの業界のサラブレットと聞かされ、福岡で独立を目指す私には羨ましさもありましたが、別世界の人に思えた記憶があります。

その方はやはり立派な造園会社の二代目さんで、当時は雲の上の人でしたが、私も造園会社の社長になり経営の勉強を始めると、偶然「ランチェスター戦略」の勉強会でも一緒になり、それからは歳が近いこともあり、次世代の経営者を目指す同志として仲良くなりました。常に勉強熱心で前向きな方ですので、現在は造園協会の会長としてリーダーシップを取っておられます。ちなみに私も同じ時期に副会長となり、一緒に業界発展のために頑張っているところです。

次に、福岡の新名所として近年オープンした「大名ガーデンシティ」があります。ここは旧大名小学校の跡地にできた、ホテル「ザ・リッツ・カールトン福岡」やオフィス街に商業施設、さらに「ガーデンシティ広場」は多くの人で賑わう観光スポットとなっています。昭和四（一九二九）年に建てられた旧大名小学校の校舎をそのまま活用されていますが、その旧大名小学校において平成六（一九九四）年に担当した工事を紹介します。

この頃まで大名小学校といえば、明治六（一八七二）年に創設され福岡市でも有数の歴史を誇っていました。中でも校舎南側に位置する赤煉瓦塀は約一〇〇メートルに及び、街の景観に潤いを与え市民に親しまれていました。しかし痛みが激しく、安全対策を考慮し、取り壊しをして整備する工事が発注されました。その工事を当時勤めていた会社が受注しましたので、現場の責任者として私が担当することになりました。

当時の新聞には「痛みが激しく、緑地帯へ（思い出を残す）一部保存」との見出しで記事になるほどでした。

記事の通り、五メートル程を二カ所そのまま残し、倒れないよう補強工事をしてモニュメントとして保存しました。その他の取り壊した部分には花壇を造り、草花や樹木を植えて新たな景観に生まれ変わることとなりました。

当時の小学校には生徒が二百名程いて、学校行事などと照らし合わせて細かい打ち合わせをしたことを思い出します。また通行人も多く工事内容を度々尋ねられるほどで、注目度の高さを感じる現場でした。現在はすべて取り壊され、その景観も見ることはできませんが、一部再保存され説明サインが設けてありますので、お越しの際は足を運んでいただけると嬉しいです。

公園工事だけでなく、このような景観工事も我々の仕事でしたが、その数年後には大名小学校の北側に隣接する「西鉄グランドホテル」前の歩道を整備することになりました。ここは現在でも、世界的グラフィックデザイナーである松永真さんの手がけたカラフルな彫刻アートがある場所で、福岡市の景観賞にも選ばれた福岡の見どころスポットになっています。

ここの整備においては下請けでの責任者でしたが、元請けの監督さんが忙しくて、いつの間にか役所の監督さんとも仲良くなり、問題だらけの現場でしたが無事に収めることができました。

その問題ですが、まずは夜間作業での通行人の安全対策から始まり、支給品でしたオブジェの取り付け位置や工程の調整、最後に完成式典の段取りまでありましたが、一番苦労したのが敷石の段取りでした。特殊な自然石をパズルのように貼り付ける工事で、一枚が一・〇～二・〇平方メートル程度あり、まずはそれをきっちり合うように測量して事前に線形を作らなければなりません。

石材自体は中国で加工されるため、納期もそうでしたが計画通りできてくるのかも心配でした。そのため、石材業者とは何度も打ち合わせをしていましたが、やはり恐れていたことが起こりました。式典の日程も決まっていて工事をそれまでに必ず完成させなければなりませんが、「納期が遅れる」との一報が入ったのです。役所の担当者もかなり焦っていましたので、私もいつかのように「中国に行ってきます」と言いましたが、悲しいかなビザが無いと行けませんので

彫刻アートの景観

した。

頼みの綱は石材業者しかいませんでしたので、何度も中国の加工会社と交渉してもらい、ギリギリのタイミングでしたが入荷することができました。運搬中に割れたものもあり、最後まで心配は尽きませんでしたが、予備の大判を入れていただいていたお陰で何とか完成に漕ぎ着けることができ、完成式典にも間に合って胸をなでおろした現場でした。

その後、その役所の担当者には色々な場面で声を掛けてもらい、一緒に仕事をさせていただきましたが、いつも当時の思い出話で盛り上がりました。

近くにお越しの際は、素敵な彫刻アートの景観はもちろんですが、足元の石張りにも注目してご覧いただけると嬉しいです。

次に、昭和三（一九二八）年、昭和天皇の即位の礼において大嘗祭《だいじょうさい》で献上される新米を作る田に、福岡市早良区脇山の地が選ばれました。その際に踊った舞いが豊作祈願のための「お田植え舞」です。ここには主基斎田跡《すきさいでんあと》として「大嘗祭主基斎田碑」と記された記念碑があり、現在では脇山中央公園として整備されています。また公園内には中国から日本に初めてお茶を伝えたとされる栄西を称えた「栄西禅師茶徳碑」も建立され、茶畑も残っており、福岡の歴史的名所になっています。

その脇山中央公園の整備工事に携わりましたので紹介します。

これまで担当した工事の中で請負い金額が最も大きな工事で、その金額の大半は歴史的な場所らしく色々な種類の鉄平石を使った石張り舗装工事でした。その他にも石積みや広場整備など多工種にわたりましたので、大変勉強になる現場でした。

当時はパソコンなどなく、測量機械も当然アナログで、唯一当時の上司が作ったポケットコンピュータが大活躍でした。あとは三角関数の基本であるsin（サイン）・cos（コサイン）・tan（タンジェント）を駆使して現場を作り上げたことを思い出します。さらには座標の計算やカーブの計算など、たくさんのことを勉強して挑んだ現場でした。まさか学生時代に習ったであろう数学の算式が、ここに来て大活躍するとは思いもしませんでした。

現在ではキャドソフトなどが入ったＰＣが勝手に計算をしてくれて、測量機械もボタンを押すだけですので、スムーズに現場が遂行できます。

今と昔は全く変わりましたが、基本的なことを知らない若者に機会があれば教えなければならないのかもしれません。そのようなことを思う今日この頃ですが、現場の達成感は一入《ひとしお》でした。

最後になりましたが、思い出の現場というより思い出の出来事を二点紹介して、この章を終わりたいと思います。

一点目は、前に記述した野球場整備工事で工事成績優良業者の表彰を受けた年に行われた研修会でのことです。

造園業界では技術者研修会が毎年行われていましたが、この年も役所の担当部署と一緒に研修会が行われることになり、表彰を受けた工事での記録写真について私が写した写真を自ら説明することになりました。

説明した後に役所の担当者が解説を加え、参加者から質問を受ける形式で行われました。何度かリハーサルも行い、技術者の端くれとして皆さんに少しでも参考にしていただければと望みましたが、まだまだ私も経験が浅かったので、鋭い突っ込みを受けタジタジになる場面もあり、ほろ苦い研修会となりました。

それでも私が目標にしていた人間関係作りにおいては、役所の方や同業者にも顔を覚えていただく機会ができて良かったです。

二点目は、独立をして我武者羅に現場を頑張っている時のことです。福岡市東区において大規模公園の工事が進んでいましたが、Ａランクの会社が三社ぐらい入って急ピッチで工事が行われる中、私もその中の会社から下請けで工事を請け負い、責任者として従事していました。

すぐ隣の現場では、発足したての造園会社が下請けをしていましたが、そこの会社の責任者が社長の息子さんでした。大手ゼネコンを退職されて後継者として入社されたとのことで、特に土木工事が得意のようで、擁壁《ようへき》工事などを請け負っていました。

ある日、その方から声を掛けられ、「福岡市の施工管理については真武さんが詳しいから聞いた方が良いと言われたので、色々教えてください」と言われました。

それからは、いつも質問に来られるので、聞かれることが嬉しかった私が丁寧に答えていますと、夜には居酒屋でも技術談義で交流を深める仲となりました。

聞くところによると、元請けの監督さんからのアドバイスだったようで、当然声を掛けていただいたことも嬉しかったのですが、業界の先輩からも技術者として認めてもらえていることがさらに嬉しかった思い出です。

その方は多くの努力を積み重ねて数年で社長に就任され、現在では私の会社よりもずいぶん売り上げも多く、業界のリーダーシップをとるほどの人物になられています。当時の技術者時代から経営者になってもリスペクトしていただいたことはとても光栄に思います。現在でもお互いの会社の繁栄と業界の発展においての良き相談相手としてお付き合いを深めています。

最後は良いご縁の話となりましたが、福岡にはたくさんの素晴らしい景観があり、観光スポットもたくさんあります。携わった現場はまだたくさんありますが、その一部を、エピソードを加えて紹介しました。

是非とも私の携わったスポットにも足を運んでいただきたいのですが、福岡の素晴らしい景観を色々な視点から堪能してもらえると嬉しいです。

第4章　「ランチェスター戦略」との出合い

1　『社長の力を三倍高める法』

さて、業績の良い会社にするための手の打ち方が分からず、悩む日々が続いていました。経営者に成りたての頃は経営の勉強などしていませんでしたが、人間関係作りだけは意識して行っていました。

銀行に対しては、少し業績が良くなると法人担当の方が営業に訪れますが、私の会社の場合は苦しい経営をしていましたので、こちらの方から連絡することが多く、決算が終わるとこちらからメインバンクに営業に出向き、支店長さんに面会をお願いして、色々と熱く語っていました。

いくらか業績も上がりメインバンクを訪問しますと、アポイントは取っていませんでしたが快く支店長さんが対応してくださいました。忘れもしないN銀行のS田支店長ですが、今でも素晴らしい情報をいただいたことに感謝しております。

当時N銀行では、お客様サービスの一環で色々なセミナーが行われていました。

S支店長も主催者側ではあったのですが、自身がとても勉強になったセミナーのことを熱く語られましたので、私が「次の打つ手が分からない」という話をすると、すぐさま「この本を読んでみてください」と一冊の本を取り出されました。

それが、竹田陽一著『社長の力を三倍高める法――ランチェスター方式による自己革新の仕方』で、「全国の社長の目からウロコが落ちる本」と書いてありました。

すぐさま本を買って読むと、まさに目からウロコです。現状に即した内容が分かりやすく書いてあり、「なるほど」と腑に落ちる内容でしたので、問い合わせをして直近のセミナーに参加することにしました。

「博多座」が入っている建物の中にN銀行の研修会場がありましたが、逸《はや》る気持ちを抑えきれずに、ずいぶん早めに到着しました。

受付を済ませると、名簿で二十名程の参加者を確認。まだ誰も来ていなかったので、一番前のセンター席に陣取り、竹田先生の登壇をしばらく待っていると、いよいよ先生の登場でセミナーが始まりました。最初に資料などの説明が行われ、その中に、終了後に隣の部屋で行う懇親会の案内もあり、出欠を取られたので何の迷いもなく参加を伝えました。

さて、セミナーが始まり、「小さな会社の業績は九八％が社長の実力で決まる」から始まり、

「夢と願望」、「経営の目的とは」、「戦略と戦術」、「ウエイト付け」といった流れでしたが、聞くことすべてが新鮮で終始釘付けでした。

そして、封建的な業界で頑張ってきた私には、まさに「ランチェスター弱者の戦略」は腑に落ちる内容であり、すぐに実践に移せると思いました。

セミナーが終わり、案内通り隣の部屋で懇親会が始まりました。ビールに軽いおつまみが用意してあったと思いますが、輪になって着席し、和やかな雰囲気で自己紹介から始まりました。

自己紹介で私が何を言ったかは覚えていませんが、その直後に竹田先生から、

「真武さん、あなたは成功しますよ」

と、会場がざわつく言葉が飛び出したのです。何を根拠に言われたのかは分かりませんが、多くの会社や人物を見てこられている先生からの一言は本当に嬉しかったです。

『社長の力を三倍高める法』

先生の一言で俄然やる気になったお調子者の私は、再度竹田先生のセミナーを受講することを決め、勉強しようと思いました。まさにこれは「ピグマリオン効果」です。

セミナーを終えて会社に戻り、まずは現状分析からと研究を始めるも、具体的に何から手を付けたらよいのか分かりません。

そこでまずは「できることから」と思い、セミナーで先生が言われた「社長が変わること」、「建設業は整理・整頓・清掃の3Sが大事」の実践を始めました。

朝は誰よりも早く会社に行き掃除を始めました。さらに前日のコーヒー茶碗を洗い、机を拭き、玄関周りや道路清掃も行いました。しばらくすると社員が少しずつ手伝ってくれるようになりました。

さらに、質を高めることを考えるよりも、量を増やしていくことが成功の早道ということを学びました。

そこでやって来るのが、ランチェスター経営からのダイレクト・メールです。

何やら、寺小屋方式の勉強会が週一ペースで行われるとのリーフレットで、インストラクターと受講者三~四人で行う、「戦略社長塾」の案内でした。

まずは「経営の勉強も量稽古」だと思い、すぐに受講の申し込みを行い、行ってみると、ランチェスター経営に小部屋が用意してあり、そこで竹田先生制作の「戦略社長」のビデオ四巻を観ながらの勉強会でした。

十分程観ては、その内容の説明と「how-to」を、インストラクターと参加された異業種の社長と行います。

四回シリーズ位だったと思いますが、内容も分かりやすく、色々な社長さんともお話ができてとても勉強になりました。

その後、当時のインストラクターでランチェスター経営社員の中村靖季先生とは二十年来のお付き合いとなりました。

それからは、竹田先生の「ランチェスター戦略テープ」フルセットを購入し、しっかり経営戦略の勉強に取り組むと同時に、中村先生が主催する勉強会にも積極的に参加するようにしました。

経営の勉強を進めますと、当然のように社内の改革に取り組むわけですが、朝の掃除は序の口で、社員を巻き込んで全社的に対応していかないと戦力は上がりませんので、勉強会などで良いと思ったことはすぐ実行に移しました。

なぜならば、色々なセミナーなどで成功の実行手段を聞いてもそれを実践する人は二％しか居ない、という統計があることをある勉強会で聞いたのです。

なるほど、九八％の人は成功の遠回りをしているわけですから、二％の人間になろうと思いました。とにかく、良いと思ったことはすべて実行するようにしました。

まずはやってみて、成果が出そうなことは継続し、そうでないと思えばやめればよいだけですので簡単でした。

どちらにせよ、実行することによって何らかの答えが出ますからこれも勉強になります。ただ、社員からは「また何か社長が始めた」と警戒されるようにもなりますので、結構神経を使いました。

そのようなことから、全社的に行うことは少しずつにして、自身の改革を進めるようにしましたが、現状は九〇％以上が現場や見積などの日常業務が占めていましたので、時間の調整が難しかったです。

ここで簡単に「ランチェスター戦略」の紹介をします。

「ランチェスター戦略」は、「ランチェスター法則」という戦争理論が由来です。

これはF・W・ランチェスターが第一次世界大戦時に提唱した理論で、「兵隊・戦闘機・戦車などの兵力の数と、武器の性能が戦闘力を決める」というものでした。

それを元に日本の田岡信夫氏が提唱したのが「ランチェスター戦略」です。

そこからさらに研究を深め、多くの中小企業の経営者に分かり易く解説し、全国に広めた方がランチェスター経営株式会社の竹田陽一氏です。

以下、ランチェスター経営のホームページより紹介します（数字表記を改めました）。

ランチェスター戦略とは、経営のやり方に大きな革新を加えた、最も実践的な中小企業用の経営戦略。

経営のやり方については百年位前から、アメリカやヨーロッパでいろんな人が研究していました。第二次世界大戦中は一時中断していましたが、戦争が終わったあとの一九五〇年から再び研究されるようになり、多くの学者や経営コンサルタントが、いろんな経営方法や経営理論を考えて発表しており、これが日本にも紹介されています。

その中でよく知られているのが、経営分析や、損益分岐点の原理を応用した利益増加の計算方法をはじめとして、ドラッカーのマネジメントやコトラーのマーケティングになります。

しかしどの経営理論にも、大きな欠点がありました。それは、どれも「一種類の経営方法だけ」で説明されていたからです。同じやり方で経営をすれば「質」が同じになるので、経営規模が大きな会社が有利になり、逆に経営規模が小さいなど、競争条件が不利な会社は必ず苦戦します。

これでは経営規模が小さな会社を経営する社長にとって、将来に対して夢が持てないばかりか希望も持てません。これに解決の手掛りと希望を与えたのが、競争の法則と呼ばれる「ランチェスターの法則」を経営に応用した、ランチェスター戦略になります。

ランチェスター戦略は、二つの公式によって成り立っています。
攻撃力＝兵力数×武器性能（質）
攻撃力＝兵力数2×武器性能（質）
この公式をもとにして考えると、具体的に、何と何を、どのようにすべきであるか、これが手に取るように解るので、とても応用がしやすくなっています。
二つの公式についてなどもっと詳しく知りたい方は、ランチェスター経営のホームページhttps://www.lanchest.com/をご覧下さい。

2　経営者への志

経営戦略の実力も上げたいところではありますが、日々の業務に追われ時間配分をどうすればよいかと思っていたところ、「従業員数で変化する社長の役割」について勉強する機会がありました。

これによりますと、十人以下の会社ではほとんどの仕事を社長が受け持たなければならず、業績を良くするためには仕事時間を増やすしかないということが分かりました。

なるほど、この規模では今まで通りの仕事の進め方でよいが、業績を伸ばすためにはプラスアルファの時間が必要ということが分かったのです。

当時の私は戦略の勉強もしたかったのですが、それ以前に子供の頃から勉強が嫌いでしたので、漢字の読み書きや文章の理解力の乏しさを感じていました。悲しいかな〝勉強するための勉強〟が必要だと思いましたので、まずはそこからスタートすることにしました。

そこで、一番能率が上がるのは朝の時間とも教わりましたので、三十分出社時間を早め、清掃をテキパキと済ませて勉強を始めることにしました。

当時会社では「日経新聞」を取っていましたので、まず一面をすべて読み、分からない漢字が出てきたらすべて調べて、ノートに十回位書いていました。おそらく一年位で、ノートに書き写す文字が無くなるぐらい成果が出た記憶があります。余談ですが、当時、「日経新聞」の楽しみといえば大人の連載小説を読むことでしたが、ここを読んでの漢字の練習はしていませんのでご心配なく。

それからは、『川島隆太教授の脳を鍛える大人の漢字ドリル――漢字たどり・漢字書き取り60日』（くもん出版）で勉強したり、音読なども続けていますが、幼い頃に勉強しなかったツケを今でも感じています。

そして、休日を使い経営戦略の研究も始めることにしました。

経営の勉強も少しずつ進めながら、仕事も頑張っていましたが、「経営は見えざるもの」というように、そう簡単には安定経営ができるわけではありません。

しかし、学んだことをできることから実行していた頃だったと思いますが、お客様の層も変化しつつありました。

妥協を許さない繊細な仕事を肝に銘じて行っていましたので、紹介から新規のお客様が増え始め、大規模な工事の依頼も受けるようになりました。

下請け工事がほとんどでしたが、経営的にはまずまず調子良く進んでいました。

そんな折、国交省の下請け工事の依頼があり受注に至りましたが、全国的に営業所を構える造園会社でしたので、営業にも力を注ぎ、接待も中洲を中心に結構させていただきました。さらに工事に入る前は関係者の皆さんに博多の良い処で振舞いましたが、現場に入ると役所の厳しい担当者に、元請けの監督もかなりの苛立ちから最悪の人間関係となり、手戻り（前の行程に戻りやり直すこと）の多い最悪の現場になっていきました。

下請けとしては物も言えない状況で、工事を進めることが最優先でしたが、発注済みの材料が変更になり返品もできません。さらに突貫工事で人出も増大するなどで手出しがどんどん増えます。

工事期間中は変更の請求も元請けの監督に聞き入れてもらえず、何とか工事を終わらせ交渉事に至りましたがかなり苦戦し、良い方向には進みませんでした。

結局、自社の協力会社にもかなり迷惑を掛けましたが、大きな損失を出してしまいました。金銭的な落ち込みはもちろんですが、協力会社との信頼関係も、取り戻すまでにはしばらく掛かりました。

大きな会社の組織は、色々な諸事情が発生し、なかなか交渉ができないことを身をもって経験しました。


その頃は少し良い車を購入するなど、やや調子に乗っていた時期だったと思います。この経験から、「ランチェスター戦略」での「弱者は調子に乗るな」の言葉が心に響いてきたことを思い出します。

それから、客層対策などもう一度原点に戻りしっかり見直しを始めると同時に、その頃、経営計画書の勉強会にも出席していましたので、まずは自社の経営計画書作りに着手しました。

そして、平成十二（二〇〇〇）年七月に初めて経営計画書（事業計画書）を作成し、社員に発表しました。

私の中では現状の問題や今後の課題なども整理された点は良かったのですが、まだまだ深掘りが必要と感じていました。当然のことではありましたが、竹田先生からは「経営の研究をしっかり行えば、十五年すれば安定した経営ができる」と言われていました。石の上にも三年と言いますが、経営を極めるには最低十五年も掛かるのかと思いました。

当然、社員と共有し理解してもらうには時間が掛かるだろうと分かってはいましたが、社員にしてみれば、「また社長が何か始めたぞ」というような社内の雰囲気でした。

それでも、目標を「社員の幸せと社会貢献」に定め、毎年研究を重ねながら更新していきました。

経営計画書は、社長の指示書として共有し、全社的に実行していけば必ず明るい未来が訪れると確信し作成していました。

我武者羅な時代から経営者としての仕事にも力を入れてこられたので、経営的には波はあるものの右肩上がりで順調でした。平成十二年＝三・五億、十三年＝三・七億、十四年＝三・三億、そして平成十五年には五億の売り上げを達成したのです。

実は、平成十七年に福岡で開催される「都市緑化フェア」に向けての工事が発注され、業界的にも好景気でしたので、私の戦略実力が上がったわけではないと思いますが、経営の勉強を進めることで次への夢が少しずつ明確になっていくように思えました。

それからこの頃は、業界のお世話も事業委員会などで一生懸命頑張っていました。その時の事業委員長は私に「将来は理事になってもっと業界を盛り上げてほしい」と言われ、色々な場面で応援していただいていました。

そんな折、毎年、新年と総会開催後に開かれる懇親会がありましたが、この会には、市長をはじめ市議会議員や行政、学界に我々業界と百名以上の人が出席し盛大に行われていました。

この日も懇親会の準備で少し早めに会場に行きますと、理事会を終えた事業委員長が、「理事会の承認を得たから今日の司会を私の代わりにやってくれ」と言われました。

そんな大役を私がこなせるのか大きな不安を感じていたところに、さすがにまだまだ封建的な業界です。委員長と打ち合わせをしていると、ある理事が来て私の前で委員長に一言、「こんな人間に司会をさせるのか」と言い放って行きました。その時のやるせない思いは今でも忘れることはできませんが、持ち前の反骨精神を発揮して、短時間で市議会議員の紹介方法など大事な部分を委員長はじめ色々な方に教わり、何とかぶっつけ本番でやり終えることができました。

結果としては、多くの方に顔を覚えていただく機会ができて良かったと思います。そして翌年には、この私が早速理事の推薦を受けることとなりました。ちなみに、きつい一言を言い放った方との交代でした。

それからの懇親会は、しっかり原稿も作り約十年間司会を務めましたが、次の司会者に私のような思いをさせたくなかったので、根回しもしっかり行い、原稿を渡して引き継ぐことができました。

ここまで、経営や業界での出来事などをお伝えしてきましたが、私が〝商いの師〟と仰ぐ祖母のことを最後にお話ししたいと思います。

この時期は仕事も多忙の日々を送っていましたので、実家に帰ることもめっきり少なくなっていましたが、いつも祖母と母のことは気になっていました。もちろん近くに行く時は、先祖（仏壇）へのお参りと祖母と母の顔は見に行っていました。

そして、まさに最高の売り上げを上げた平成十五（二〇〇三）年のことでした。

当時祖母は九十九歳で、視力はほとんどありませんでしたが、自分で生活はできていて、食事の世話を母が少し手伝うくらいでした。

日々の生活は、朝夕のお神様のお参りをきちんと行い、食事の時以外はほとんど寝ていたと思います。ただ、頭はしっかりしており記憶力は抜群でしたので、行くたびに昔話を聴いていました。

そんな折、仕事の依頼を受けることになり、現場が実家の近所というので向かいますと、私が小さな時にカブトムシを捕りに行っていた山林でした。

「懐かしいな」とも思いながら、もちろん実家もすぐ近所ですので、一週間程度の仕事の間、毎日帰りには実家に寄り、祖母とたくさんの会話ができてとても嬉しかったです。

しかし、その直後に兄から連絡があり、ちょっと祖母の様子がおかしかったので入院したとのことでした。

病院に駆けつけると、脳梗塞を発症したらしく、意識はあるものの記憶障害を起こしており、かろうじて私のことは分かるようでしたが、ほとんど会話ができませんでした。

祖母白寿の祝い

それから何度か見舞いに行きましたが、だんだんと意識も薄れてきて、最後は眠るように天国へ旅立ちました。

家族にとりましては、元気なうちに白寿のお祝いもできたこと、そして私にとっては亡くなる直前に実家近所の仕事が入りたくさん会話ができたことが何よりでした。その時の仕事は未だに忘れることができませんが、間違いなく祖母が引き寄せてくれたのだと思っています。後に、当時仕事を依頼してくれた方に会う機会がありましたので、事情を話し、改めてお礼の挨拶をさせていただきました。

それにしてもあっさり逝ってしまいましたが、「これまでの道を開いてくれてありがとう」と、祖母には改めてお礼を言いたいです。

「これからは自分で道を開いていきます」と誓いましたが、商いだけではなく、人生の教訓をたくさん教えてくれた祖母には、感謝の言葉しか出てきません。

祖母のピグマリオン効果で今の自分があることは間違いありません。

3　経営計画書

大規模工事での失敗経験から、「ランチェスター戦略」での「弱者は調子に乗るな」の言葉が響いてきます。

かなりの損失もありましたが、大きな工事が重なり売り上げが右肩上がりの最高値に達した平成十一（一九九九）年の翌年、決算を四月に終え、七月に作成し社員に発表した経営計画書には「事業計画書」と書いていました。

経営計画書は会計を中心に作られるのが一般的なようですが、ここでは現状分析はしっかり行い、方向性や手順を中心に作成しています。

そこで、まずは「経営理念」からと行きたいところですが、まだまだ経営理念が語れるほどの経営経験がありませんので、今後の課題として残しておきました。

そして、経営を構成する大事な要因ごとに落とし込んでいきます。初版を確認すると、①商品、②営業地域、③業界・客層、④営業・顧客、⑤組織、⑥資金、⑦時間の順番で対策を作成していました。

さらに学習を進めますと、対策ごとに、目的・目標・戦略・仕組み・戦術・時間をしっかりあてはめられれば素晴らしい会社になるということが分かりましたが、かなりの経験と研究が必要だと感じました。

項目ごとに仕分けしただけでしたが、それでも現在の状況や大事な部分などが見えてきましたし、今後の課題や方向性も取りまとめることができました。

それから、社員と共有する発表の場を作りましたが、現状については少し理解をしてもらえても、今後取り組む課題などについてはなかなか理解を得なかったように思います。

それでもまずは実行に移したことで、やっと経営者としても第一歩を踏み出したように思いました。初版はたった十ページでしたが、ひたむきに研究した痕跡を感じる仕上がりでした。

そこからは経営計画書の更新を毎年行いました。

そこで当初の計画部分を少し振り返ってみますと、現状を分析する中で、客層の中心を同業の造園業者としました。

元請け中心に目標を立てると、年間に一～二本の仕事は取れても専門の技術は高まりません。

しかし、一次下請けを中心にすると、一年に十本の仕事も無理ではなく、社員の技術力が急速に高まると考えました。これは今までに培った、強みに基づいた〝一位作り〟の戦略でもありました。

それに合わせて重点業務を「公園整備工事」とし、顧客である造園業者に対し、設計から施工管理まで一次下請けでサポートする戦略を取るようにしました。

「ランチェスター戦略」の「営業戦略」の中に、「下請けによって生産財を造る場合、価値と数量の決定権は元請けにある。しかし技術がずば抜けて高いと、ある程度価格提示が通るので下請けでも利益が出る。規模が小さな会社は、これを狙うべきである」とありました。

強みを持っていると思いました。一定の価格決定権を持つ下請けです。あとは人間関係をきっちり作ればやっていける、と考えました。これは確信となっていきました。

そのための顧客対策として「ぞうきん掛け」をすることを決めました。「ぞうきん掛け」とは、お客となる造園会社の人間関係作り、造園業界の中に入って使い走りをすることでした。これは以前から行っていましたが、情報収集にも繋がり、戦略として落とし込みました。

さらにサービスの差別化をする必要があり、以前から役所に提出する工事の書類作りが強みでしたが、これをさらに効率的に行えるよう情報処理機器の開発にも力を入れました。

そして、「工事の一次下請けを発注いただけると、書類作りも合わせてさせていただきます」

としました。これは誰もやりたがらない、手間の掛かる仕事であり、競争相手がいなかったので圧倒的に喜ばれました。

さらに、着手前の現場測量データを完成するまで一貫して使用できるシステムも導入しました。これまでは施工内容が変わると何回も測量をし直して書類を作らねばならず、これは膨大な作業量でしたが、このシステムの導入により、大幅な変更があってもスムーズに書類作成ができるようになり、五人必要だった現場監督が二人で済むようになりました。

これは「ランチェスター戦略」を勉強する中で、強力な差別化になることが分かったのです。このように、経営を構成する大事な要因ごとに落とし込んでいき、研究を進めますと、大切な部分が見えてくるように思えます。これを社内で共有して実行していきますと業績も良くなります。

「経営計画書」は社長の指示書として社員に伝え、全社的に実行していかなければなりませんので、社長としてはかなりの勉強や研究が必要となります。あとはパワーと忍耐力が要りますが、必ず良い方向に進みます。

そんな折、福岡では「全国都市緑化フェア」の開催が決まりました。

4　全国都市緑化フェア

昭和五十八（一九八三）年に大阪から始まった「全国都市緑化フェア」は、都市緑化の推進を目的とし全国各地で開催されている花と緑の祭典です。

そのフェアの福岡開催が平成十七（二〇〇五）年に行われることが三年前に決定し、私たちの造園協会では特別委員会を発足させて開催への準備を始めました。

私はその頃、協会で事業委員会の副委員長として、協会員の親睦を図るイベントや、福岡市主催のイベントなどでの世話役を積極的にさせていただいていましたので、すぐさま出展のための実行委員会メンバーにも抜擢されました。

会場は、福岡市が進めている人工島に公園を整備しての開催でしたので、吹き曝しの埋め立て地での植物育成の研究実験から始まったことが思い出されます。

研究実験ではチームを構成して、私は世話役的な存在で色々な段取りをしていました。

まずは造成地に大量の良質な土（真砂土）を運び込み、かなり大きな台形の山を二カ所造り、そこに色々な樹種の試験植栽やグランドカバー（芝生など）の育成調査を行いました。

最初は、海に浮かぶ人工島ですから毎日砂嵐が吹き荒れ、雨が降ればどこが道路なのか分からないほどの水溜まりができて、移動するだけでも大変でした。

こんな状況の中、フェアで顧問を務められる学識者の先生からコンセプトの発表がありました。それは「公園から始まる街づくり」ということで、通常は、まず街ができて、その後その中に公園が造られるのですが、全く逆の発想で、何だか私たち業界には嬉しいコンセプトでした。

しかし、現状このような所に公園ができ、本当に住宅ができるのだろうかと、想像できないような状況でした。

そして、公園計画が進むわけですが、まだまだ育成調査の段階でも厳しい現場状況が続いているある雨上がりの朝のことです。

現場を見に行った社員から「車が水没しました」との電話連絡があり、行ってみると昨日までの道路が川に変貌していました。日々変わる現場の状況にあたふたしましたが、車は廃車となり、個人の車でしたので当然補償はしましたが、この先どうなるのか想像もつかないような緑化フェア準備の始まりでした。

さて、樹木の育成調査が進む中でしたが、緑化フェアまで三年もありません。

まずは会場になる公園を造らなければなりません。公園建設に向けて多くの予算が組まれ、公園の設計も急ピッチに進み、工事の発注も始まりました。同時に緑化フェア準備の予算も組まれ、官民での組織委員会なども発足され、慌ただしい日々の始まりです。

会社は下請け工事に特化していましたので、たくさんの依頼があって大忙しとなり、過去最高の売り上げを達成しましたが、業界全体でもバブリーな感じでした。


緑化フェアまであと一年になる頃に、私たち造園協会の理事の改選が行われました。

業界でのお世話が認められたのか、さらにフェア準備にも積極的に関わっていたこともあり、私は理事の推薦を受け会員より承認を受けることとなりました。

フェア出展の実行委員会では事務局などの仕事も増えて、こちらも大忙しとなりました。さらに理事会では議事録書きなども命ぜられ、国語力の弱い私には毎日が勉強の日々となりました。


その後、公園工事も着々と進み、メインの建物（グリングリン）もお目見えし、常設の海外庭園の工事も進む中、フェアの設営が始まりました。

造園協会では「健康と癒し」をテーマに「癒しの森」を設営することになりました。大径木の植栽やみどりのショップ、色々なテーマの庭や休憩所など、協会を上げての大規模な設営に向けて役割分担をしました。

さらに個別の出展ブースもあり、自社では将来の幼稚園の園庭事業も視野に入れ、子供の庭での出展を決め、設計に取り組みました。

キャンバスをモチーフにして、花壇のお絵描きをイベントとして行う庭にリスが回遊する、といった夢のある作庭を行いました。私の中ではいい感じで仕上がりましたが、色々と期間中のメンテナンスが大変だったことを思い出します。花の手入れに、リスも何度か逃げ出したりして、てんてこ舞いでした。

少ない時間でしたが、あっという間にフェアの開催を迎えました。

フェアが始まると、楽しいイベントやたくさんの出展があり、多くの来場者が来られる日々が続きましたが、私もほぼ毎日会場入りです。

造園協会からの出展は〝新たなビジネス機会の創出〟を掲げ、色々なショップや飲食店などがあり、緑化の推進という業界団体の枠を超えた出展にたくさんの経験をすることができました。私は毎日見回りする仕事もありましたので、色々と楽しかったです。

さらに、業界のイベントで「赤米収穫祭」も行いました。

事前に赤米の田植えを行い、ある程度育った苗をプランターに入れ、協会員のトラックでパレードを行いながらフェア会場に搬入しました。

フェアで出展した「子供の庭」

会場にて再び植え付けを行い、フェア期間中にたわわに実った赤米を収穫し、餅つきなどをして、来場者に振舞うお祭りでしたが、こちらも大賑わいとなりました。これも文字にすれば数行ですが、仕込みから三年掛かりの大イベントでした。

期間中には秋篠宮ご夫妻もお見えになり、私たち協会のブースにもご来場され、感動をいただきました。目の前に来られたので思わず写真に収めさせていただきました。

最後に、自社で出展した「子供の庭」では、花の手入れとリスのエサ遣りが日課です。

何度かリスが逃げ出し、いつも何とか捕獲することができたのですが、ある日のことです。会場に来る時に最後の信号機の手前で「リス脱走」の連絡があり、おそらく黄色信号で通過したのだと思います。

白バイの隊員さんから、「何かお急ぎですか」と声を掛けられ、「リスが逃げました」と思わず言うも、「急がれていても止まらないと危ないですよ」と優しく切符を切られてしまいました。

そんなこともあり、リスの件では役所の担当者にもご迷惑をお掛けしましたが、花の植え替えイベントもたくさんの方にご協力をいただき楽しく終了しました。

参加された保育園の方とのご縁もできて、設営した会場をそのままプレゼントすることになりました。

このような経緯から、私が望んでいた幼稚園事業も時間は掛かりましたが、将来的には実現の道へと進んでいきました。

七十三日間があっという間のフェアでしたが、準備からの三年間を含め、多くの方との出会いがあり、成功に向けて産・学・官で同じ目標に向かった関係性は素晴らしいご縁となり、その後のビジネスにも大きな影響を与えるものとなりました。

5　技術委員長の仕事

緑化フェアも終わり、業界的にはバブルから一気に不景気になったような気はしますが、業界の理事を仰せつかっている私は、業界発展のために微力ながら頑張る日々が続いていました。

理事の中では一番若く、まだまだ現役の技術者でしたので、技術委員長として会員の皆さんと一緒に造園技術の向上に取り組む役職をいただきました。

それともう一つは、これまでの理事は造園業界の中では大きな会社の社長が多かったのですが、私は小から中規模になったぐらいの会社でしたので、中小規模の会員から協会運営に関しての意見を聞くことが多く、なかなか届きにくかった情報を理事会へ吸い上げる役目を命ぜられました。そのような立場でしたので、会員の社長からは頼りにされるようになりましたが、ほとんどの社長さんが年上でしたのでずいぶん気を遣って接していました。

しかし、以前協会の事務局長をされていた前社の社長から、「協会のお世話は次に報いを求めない性善説の対応に徹しなさい」と言われていましたので、そのことを肝に銘じてお世話をさせていただきました。

そのような状況の中、技術委員長としての最初の仕事は、緑化フェアに関連し、海岸部における樹木育成の研究を、学会の先生や樹木医さんからの指導をいただき取り組んでいました。緑化フェアが終わりますと、造園工事や公園などの維持管理についての問題点の取りまとめや、市担当部局との協議、それに関連する研修会の開催、その他にも積算に関する業務や市民から樹木の相談を受けるなど、色々な課題について委員の方たちと協議を進めていました。

一年に三〜四回は委員会を開催し、委員の皆さんと協議を進めながら事に当たっていましたが、終了後は懇親会を開催することも度々ありました。さらに研修旅行なども行っていましたので、段取りをする私は大変でしたが、いつも皆さん和気あいあいで協力的でしたので、とてもやりがいがありました。

委員長として色々なプロジェクトに委員の皆さんと挑んで参りましたが、最も記憶に残るプロジェクトを紹介したいと思います。

福岡市城南区に樹齢四百年、高さ一五メートル、幹周四メートルの巨大なクロガネモチがありましたが、マンション建設のための伐採話が進む中、市民に親しまれ保存樹としても登録していた福岡市から、何とか移植して残すことはできないかとの相談を受けました。

早速、委員会で協議して、まずは移植可能な健全木であるかどうか、委員の中の樹木医を中心に調査を始めました。調査結果から当該樹木は不健全木の可能性が高いことが分かり、移植しても活着の可能性は低いことが判明しました。しかし、何とかしてやりたいという委員の思いも含め、最終的に協会の顧問で九州大学の教授に判断を仰ぐことにしました。教授は「皆さんの技術を結集すれば何とかできるのではないか」と言われましたので、移植の計画を実行する運びになりました。

そして、移植後五年間はボランティアで協会が養生を行い、建設中の公園に戻すまでの壮大

緊張のテレビ放映

な計画を立てました。

工事に関しても委員でしっかり協議を進め、剪定ー掘り取りー運搬ー植え付けまでの工程計画を綿密に立て、移植工事の日を迎えました。

当日は、場所が国道沿いということもあり夕方から夜間に掛けての作業となりましたが、市民の関心も高まっていたようで、メディアからも取材を受けるプロジェクトとなりました。テレビカメラも張り付いていましたので、委員の皆さんもいつもよりテンションが上がっていました。

四苦八苦しながらも作業は順調に進んでいましたが、掘り取りが進み樹木の重量が判明しますと、植え付け場所にはクレーンでは吊り込めないほどの重量でした。待ったなしで掘り取った樹木を運ばなければならないため、別の候補地の地権者に連絡を取り何とか了承を得たので、まずは一安心でしたが、まだまだ問題は山積していました。

その日は植え付け場所に樹木を下ろし、作業は終了。次の日は土壌調査などを行い、植え付けに適しているとの確認が取れましたので、植え付け準備に掛かりました。そこでも根鉢が崩落するなど一筋縄ではいきませんでしたが、大事には至らず何とか植え付けを完了。

テレビ放映での技術委員長のコメント――

「何とかここに来て安心はしています。あとは市民の皆さんがこの木を見て、良かったな、素晴らしい木だな、と喜んでいただくのが一番と思っています」

テレビカメラを前にしてとても緊張していましたが、問題はこの木が活着して市民の皆さんに喜んでもらえるかということですので、早速養生作業が始まりました。

まずは足場を組み、日焼け、蒸散による樹木の衰弱を防ぐため幹巻きを行います。今回は通常の幹巻きに加え、赤土を水で溶いてペースト状にしたものを樹木に塗りつけることにより、効果の向上を図りました。それから鋼製支柱で倒れないようしっかり固定し、樹木医さんの指導のもと、「根接ぎ」という作業を行いました。クロガネモチの根三百本を用いて根を接いでいきます、樹木に必要な水分や栄養分の吸収を行うことが可能となり、樹勢の回復が図れるわけです。

あとは回復して活着することを願いつつ、活力剤の樹幹注入なども行いながら様子を見ることにしましたが、九州大学から提案のあった樹木の状況を遠隔操作で確認できる装置も付け、観察の日々が続きました。

しかし、なかなか回復には至りませんでした。関係者で協議を重ね、できる限りのことはしましたが、再び葉を広げることはありませんでした。

結果的には残念なプロジェクトとなりましたが、たくさんの経験や積み重ねてきた多くのデータは私たちの宝物となりました。そして何よりも携わっていただいた多くの方とのご縁や、技術委員会として結束力が高まったことが何よりでした。

最後に、技術委員長を仰せつかり、ほとんどが年上の方でしたが、皆さんが協力を惜しまず委員会を盛り上げていただいたこと、さらには幅広い造園技術を色々な視点から学べたことは本当に感謝しかありませんでした。

6　意思決定するのが社長の仕事

思い起こせば、平成六（一九九四）年に妻の父より借金をして、我武者羅に働いてきた会社も十年を過ぎ、緑化フェア・バブルも加勢をしてくれて右肩上がりに成長していきましたが、もちろん紆余曲折ありながら経営の勉強に取り組むなど、経営者としての課題も多く抱えていました。

「経営は見えざるもの」と言いますように、経営者は多くの不安を抱えながら日々を過ごし、少しでも経営が見えるようにと努力するわけですが、そうは問屋が卸しません。

竹田陽一先生は、「経営の研究をやり続けても十五年は掛かりますよ」と言われていました。

それでもやり続けることで「社員の幸せのために」という経営目標を達成できるのであればと、研究にも力が入ります。

そして色々な仕組みを考え社員に提案しますが、現状にあまり問題を感じていない社員にとっては少しめんどくさい話と受け止められているようでした。もともと会社発足時にお世話いただいた方から多くの協力があり出発した会社でしたので、取締役などの幹部社員はその方の紹介で入社しており、私の経営方針に戸惑いを感じ始め、次第に真武派とオーナー派に社内が分散していきました。

そうなりますと、徐々に会社を一つの方向に束ねて推進していくことが難しくなり、リーダーである社長として力を発揮することができなくなっていきました。

そんな中ではありましたが、経営計画書に一年後の明確な目標も定めていましたので、これだけは何とか進めなければと思っていました。

それはワン・ランク上の仕事を受注するための「特定建設業許可」の取得です。この許可の取得条件は資本金二千万円、自己資本額四千万円が必要で、当時はあと一千万円ほど出資すれば可能な状況だったと思います。

発足時は借金をして資本金を作りましたが、将来このような資金が必要になると分かっていましたので、発足初期から入社している社員には会社で貯蓄性のある「養老保険」に加入していました。

運用は当然「社員の幸せのために」を念頭に、このような時の自社株の購入や、退職金に充てるなど、とにかく社員のメリットを最優先に考えての加入でした。

ところが、積み重ねてきた保険での計画も否定され、「特定建設業許可」取得の計画すら実行できない事情に陥った私は、将来的に安定した会社にするどころか、目の前の目標にも挑むことができない状況となり、悩む日々が続くことになりました。

これまで十年以上にわたり、代表取締役としてすべてのリスクを抱え自分の会社として進めてきましたので、当然これからも邁進しながら素晴らしい会社にしなければと思っていましたが、これ以上は前に進めなくなりました。社員にも色々と困惑させて申し訳ない気持ちにもなりましたが、おそらく私が大切な部分を曖昧にしてきたことが原因だと思いました。

しかし、今さら大切な部分に突っ込めない私は、今までトップ・ダウンで作り上げてきた経営計画書を、大事な部分は残しながらも少しへりくだった内容に変更、さらに幹部社員などが提案して埋め込めるようなボトム・アップ型にして作成し意見を求めました。

当然、そんなに提案が出てくることはありませんが、計画書の最後の空白欄に「初心に戻り、素晴らしいスタッフに恵まれたことに感謝し、これからもやっていきたいと思う」、そんなやるせない気持ちのコメントが残っていました。

そんな日々がしばらく続く中、何のために私は社長になりたかったのかを振り返ってみました。

①両親や親戚を安心させ、家族を幸せにしたい。

②成功者になって色々な夢を実現させたい。

③一度しかない人生、死ぬ時には「よくやった」と自分をほめたい。

色々な思いが浮かぶ中、今ここで足踏みをしている場合ではないという思いに至り、経営者としての道を開いていただいた竹田陽一先生に相談することにしました。

竹田先生は快く相談に乗っていただき、まず、

「意思を決定するのが社長の一番大切な仕事。その時判断が鈍る要因や、決定できない要素を抱いていては、経営で勝つことはできない。出資者が持っている株を借金してでも買い取りなさい」

さらに、「大切な部分を曖昧にしてはいけない」と念を押されました。

私は早速、出資者への交渉を始めましたが、様々な理由を出されて先延ばしにされ続けました。竹田先生からも交渉する際のアドバイスをいただきましたが、思うようには進みませんでした。

会社発足時に、借金をして作った出資金の一部を、促されるままに当時入社した社員の株に充てていましたが、直前に返金されるなどの経緯もあり、私は自分の立場をさらに弱くしていきました。これも、お人好しの私が大切なことを曖昧にした付けだと深く反省することになったのです。

それから交渉事で半年が過ぎ、精神的にもかなりきつい思いを味わいながらも、色々なご縁の助けもあり乗り切っていきました。

最終的に〝争う〟ことも考えましたが、そのやり方は結局、傷つけ合うことはあっても、無くしてしまうことの方が多いと考え、会社から身を引くことにしました。

十五年間頑張ってきた会社でしたが、四十四歳の今ならまだまだ道は開けると思い、再出発を決断しました。

造園の道を志してから二十三年が経過しましたが、多くの方とのご縁があり私も成長することができたと思います。特に経営者として歩んできたこの十五年間にご縁をいただいた方には大変感謝しております。

私は「人の出会いには無駄がない、出会ったすべての人が私に何かを教えてくれる」という言葉を大切にしてきました。

思い起こせば、チャンスをいただいた恩師や、会社発足を応援してくださった多くの関係者、さらに優秀なスタッフにも恵まれました。時には取締役より厳しい言葉もいただきましたが、すべては会社成長のための前向きな意見と受け止めることができました。さらに多くのお客様はもちろん、協力会社や関連会社、異業種の方々にも大変お世話になりました。

会社から身を引いた直後、やはり一部の方に対しては煮え切れない感情が残ることはありましたが、色々な学びの中から「そのような感情に至った方にこそ、深い感謝の念を持とう」と思いました。

逆に、私に対して良く思わない感情を残した方がいるのも確かですので、本当に申し訳ないというお詫びの気持ちで、時間をかけて償っていきたいと思いました。さらに「すべてのご縁に感謝！」という気持ちで次に進もうと決意しました。

次のステージに進ませていただいた皆様には、本当に感謝いたします。

第5章　第二創業者

1　儀式が必要

会社を退職して一カ月位は何をするでもなく、自宅でゆっくり疲れを取っていました。

さて、「何をして稼ぐか」と思考を深めていましたが、当然ですが就職のことは考えもせず、どんな商売をするかを一生懸命に考えていました。

当然、それまで経営の勉強も熱心にしてきましたので、原理・原則に基づいて考えますと、やはり造園業での独立が妥当と考えました。まずは私一人ですので販売業も視野に入れ、景観商品の販売に取り付けなどの工事も含めた事業ができないものかと調査を始めました。

たくさんの打ち合わせも必要となってきましたので、不動産業の友人に頼みアパートの一室を借りて準備を始めることにしました。

そんな折、高校の先輩でもあり福岡での造園会社に移籍した時から公私にわたりお世話になってきた造園会社の会長が、何やら話があると訪ねて来られました。

アパートがその造園会社からすぐ近くにありましたから、今後のことを心配して来られるのだろうと思っていたところ、何ともビックリするお話がありました。

「二年前に番頭に会社を継承させたがうまくいかない。このまま廃業するか、もう一度自分でするか悩んでいたところに、まさかの渡りに船ではと思い、会社の将来について相談に来た」と言われましたので、詳しい話を聞くことにしました。

会社は創業三十年、会社設立十七年で福岡市の指名業者としての実績も十分ありましたので、今までの経験が最大限生かせる会社とすぐに思いましたが、問題は内容と条件です。

決算書を見せていただきましたが、多少の負債はあるもののそんなに悪い内容ではなく、念のため税理士にも見てもらいましたが、「健全な会社」と言われたので、まずは一安心です。

そして条件も有価証券（三百万円）の購入だけで、社名も変えて自分のしたいようにしていいからと言われ、その代わりご自分を含め社員を丸ごと引き受けてほしいとのことでした。

会社の継承においては今まで苦い思いをたくさんしてきましたので、妻に相談した上で、承諾させていただきました。そして、大切な部分を曖昧にしないようすべての事項を文章化して事に当たりました。

株も自身が一〇〇%保有し、会社の名前も経営のルールに則し付けることにしました。当然、竹田先生への相談も怠ることなく進めました。

社名は、「マタケ造景株式会社」としました。

小さな会社は個人名を覚えていただくことが何より大事で「マタケ（真武）」は必須、社名を検索する時に「ま」で出てくるように、「株式会社」は後につける。

それから、何をする会社か分かりやすい方が良いとのことで「造」は造園工事、「景」は景観工事の最初の文字を取り「造景」としました。後に、「造景」は耳慣れしないせいか「マタケ造園」とよく間違えられますが、それも良しとしています。

竹田先生は名前の表示について、女性の客が多いならカタカナが良く、男性ならひらがなが良いとも言われていました。個人のお客様は決定権者が多くは奥様なので、カタカナで良いと思い決めました。

そして、竹田先生から次のような大事な一言がありました。

「大きな決断をする時には儀式をしないといけない。すると絶対に失敗できないと決意する」

そういえば竹田先生もテープを開発する時は、富士山の山頂に登り石を蹴飛ばし、「やるぞー！」という儀式をしたという話を聞いたことがありました。

「ランチェスター戦略」を一緒に学ぶ有志にその話をすると、発起人になっていただき「真武弘延さんを励ます会」を企画してくださいました。友人などの発起人も増え、二〇〇七年十一月二十九日、これまでの人生の色々な場面でご縁のある皆さんに集まっていただき、「決意の儀

「真武弘延さんを励ます会」の発起人の皆さん

式」を行うことになりました。

もちろん、発案者の竹田先生にも出席いただき、叱咤激励を受けるなど、多くの皆さんの前でまさに「絶対に失敗できない決意の場」を開催していただきました。

さあ、先輩から引き継いだ会社とはいえ、「第二創業者」としての新たな出発です。ゼロからの創業ではないとはいえ、当然しばらくはかなりのエネルギーが必要と覚悟はしていましたが、引き継ぎを進めていると、私が見せてもらった決算書の時点から少し時間が経ち、嘘のように内容が悪化していました。引き継ぐ寸前に借り入れも増えていて、通帳の残高はほとんどありません。すでに自転車操業の中、次の決算ではかなりの債務超過が発生し、取り戻すのに五年はかかる内容になっていました。

そんな状況ですので、銀行からの融資は全くもらえず、メイン銀行からも良い返事はもらえません。さらに、仕入れ先などの付き合いも個人的にたくさんありましたが、そのほとんどから厳しい返事をもらうことになりました。

それでも私個人を信じてくれた会社が数社あり、快くお付き合いをしてくれたことに関しては感謝しかありませんでした。

十一月に発足した会社でしたが、すでに年が越せず廃業かという思いが頭をよぎる中、救っていただいたのは国民金融公庫からの五百万円の融資でした。「よし！ これで年を越せる！」という思いは今でも忘れません。

当時の多くのご縁に、現在でも感謝の気持ちでいっぱいです。そして、こんな状況でも焦らず経営を進めてこられたのは、これまで「ランチェスター戦略」で学んできた、経営の原理・原則のお陰です。

時間戦略は「まずは死んだつもり型の四一四〇時間」に目標を立て、戦術に没頭しました。当然、最初の一年間は我武者羅に働き、休みなどありません。

そして、社員をすべて引き継ぐ約束でしたが、経理をされていた先輩の奥さんには、経営をしていく上で難しい面が多かったので、事情を説明して退職していただき、妻に手伝ってもらうことにしました。幸いにも妻は何かに備えて「建設経理事務士」の資格も取得してくれていたので、大変助かりました。

とにかく一年間はもがき苦しみましたが、一〇〇％自分の会社ですので、誰に気兼ねすることもなく自分の実力を試せることは、ある意味楽しかったです。

私の儀式に参加してくれた人たちに良い報告をすることを目標に頑張る日々となりました。

2　創業時の仕事

創業時は、引き継いだ社員と手持ちの作業を行いながら、以前から考えていた遊具など景観商品の販売なども視野に入れての営業開始です。

引き継いだ社員が三〜四名いましたので、まずは既存客の集合住宅や個人様の樹木管理を行いながら、次の仕事の受注活動を必死に行っていきました。

前社の時のお客様も多くいましたが、そこには手を付けないと決めていましたので、その他の同業者に下請けでもできればとお願いに回りました。

すると、仲の良かった同業の方より声を掛けていただき、少しずつ仕事が入ってきました。後で分かったことですが、一番にお世話になった社長様は、当時自社の経営も苦しかったのに、私の独立にかなりの犠牲を払っていただいたことを知り、涙が出るほど感激しました。現在でもその社長様とは深い感謝の念を持ってお付き合いをさせていただいています。

そして、新たに手掛けた景観商品の販売ですが、以前から代理店など数社には相談していましたが、実際はなかなか安く仕入れができませんでした。

それでも工事を受注した会社に営業に行くと、当然断られる場合がほとんどでしたが、よく知る会社はお付き合いで購入いただくところもあり、お付き合いのほとんどない場合でも、高いのは分かっていながら購入してもらえる会社も出てくるなど、本当に嬉しく感謝したことを今でも忘れません。

しかし、販売業務は粗利が少ないため、かなりの数量を販売するか、自社独自の商品を開発しないと、経営としては厳しいことも分かってきました。

やはりこの景観商品を使って工事を行うことが、私の得意な分野であり伸ばすところと思いましたので、公園工事を受注した会社にお願いに回ることにしました。そしてすぐに声を掛けた会社が「マタケさんにお願いできたら安心だからお願いします」と言われ、受注に繋がりました。

会社に公園工事を仕切れるスタッフはいませんでしたので、私が下請けさんなどにも協力をお願いしながら頑張らせていただきました。久しぶりの公園工事でしたが、完成して子供たちが楽しそうに遊んでいる姿を見ると、改めて達成感を感じました。

そして、この工事を皮切りに、今までお付き合いの無かった同業者よりも声を掛けていただくようになり、公園工事が増え始めました。

この時期は、ゆっくり経営計画書の作成はできませんでしたが、受注工事の粗利計算書や実行予算書、資金繰り表、さらには経費削減計画などをきめ細かく作成して経営状況の確認を行いました。社員教育においても気が付けばすぐにミーティングを行い、社員向けに分かり易い資料を作成して説明を加えました。

それでもなかなか思うようには人は動きませんが、少人数でしたので何とか無駄な行動も最小限に抑えられたと思います。そして前社の社員が自ら退職し、新たに二名が入社してくれましたので、かなり機動力が出てきました。

そんな折、樹木管理をしていた既存の集合住宅の管理組合の理事長より、私の経歴を見た上での、「バリアフリーに向けた大規模外構改修の提案をしてくれないか」との依頼を受けました。三十棟以上ある大規模な改修でしたので、提案書の作成からかなり時間を取られ、計画に一年以上掛かりましたが、見事受注に繋がり、民間工事ではかなりの受注金額となり、厳しい経営状況の脱却から大きな弾みが付きました。

業界的には、Cランク（役所の受注金額が一番小さいランク）に属し、私が社長になるとすぐさまお世話役を命ぜられ、そのランクの皆さんと色々なお話ができ、お付き合いの幅が広がっていきました。前社ではA・Bランクの方とのお付き合いがほとんどでしたが、ここに来てCランクの方ともお付き合いができ、幅広い経営形態の造園業者と情報共有ができるようになりました。

お陰さまで多くのご縁で色々な場面で助けられることになりましたが、これまで出会った方とは丁寧に対応させていただいてきましたので、苦しい場面で多くの方が応援してくれたのではないかと思いますと、これほど嬉しいことはありません。

苦しい場面はまだまだ続きましたが、前向きに一生懸命に頑張れた創業時でした。

3　差別化戦略

「ランチェスター戦略」の研究をしてきたお陰で、会社創業時に最も必要なことは分かっていました。それは離陸時の大きなエネルギーで、よく飛行機にたとえられます。安定軌道に乗るまでには大きなパワーと時間が必要と言われますが、すぐに実行できることは自分自身がたくさん働くことしかありません。

何とか軌道に乗ったとしても、競争相手の会社より有利に展開させるには、相手の社長より多く働くこと、さらに経営条件が不利な会社の社長は長時間労働しかありませんので、まずは時間計画が差別化戦略ともなります。

そのため、一年目は年間四一〇〇時間の「決死型」から、二年目以降は三七〇〇時間の「圧勝型」に目標を定めて実行していきました。一日の時間配分も、自社の規模に合わせてしっかり計画して取り組みました。

そして私が一番参考にして実行しているのが、時間戦略の勉強会で教わった「二万五〇〇〇ドルのアイデア」という手法です。内容は、全米ナンバー1の鉄鋼会社社長が、ある能力開発コンサルタントから聞いた手法を実行したことにより、多額な報酬がもらえるようになったという実話です。その社長が素直に実行した後、社員全員で実行したところ、業績が驚くほど急上昇し、全米で各企業が採用したというアイデアです。

その手法ですが、前日に自ら計画した明日行う仕事「六項目」を書き出し、優先順位を付けます。次に翌朝出社してから優先順位の高い順に一つ一つ仕事をこなし、終わった項目はチェックを入れて消していきます。

これだけのことですから、私も次の日からすぐに始めましたが、なかなか「六項目」を書いても、時間配分などを決めないと時間が足りなくなってしまいます。

そこで、実行予定表と結果表を日報として組み合わせた様式（ダイアリー）を作成し、使い易くしました。それから前日の終業時には、明日する仕事と掛かる時間を考えて計画を立てます。それを毎日実行しますと、仕事の優先順位と時間配分が明確になり、時間の使い方がとても効果的になりました。

まずは自分だけで行い、社員には勧めていませんでしたが、「二万五〇〇〇ドルのアイデア」を実行した成果なのかは分からないものの次の年から右肩上がりに業績が伸び始めました。さらに十数年経ちますが、現在も継続させています。

また、現在では営業担当の社員も同様に行っていますが、現場中心の技術職がメインの社員には進めていません。現場から戻ってきてからの時間が長くなり、体力・メンタルともに負荷がかかり体を壊すこともあるので要注意、とのアドバイスを受け納得したからです。

時間計画の目的は「一位作り」とし、社長、社員の大事な部分を次のように定めて実行しています。

①会社の経営力は、「会社の経営資源×人的資源×時間^2」の三つで決まる。二つ条件が不利な会社の社長は、時間量を多くしないと競合他社には勝てない。限りある時間を有効に効率よく使うための時間計画をはっきり決める。

差別化した業務で一位を作り出し業績を上げることが、社員の幸せを支える社長の大事な仕事です。

②社員においては、限られた時間内でいかに効率よく多くの仕事をこなせるか、さらに仕事や自身の質を高める研鑽《けんさん》を実行できるか、などが重要。そのためには、まず行動計画について考える時間を作り、時間配分や仕事の優先順位などを定める。方法としては、日々の

プラン・チェックを確実に行う。毎日十～二十分程度行うことで、段取り漏れ、連絡ミス、忘れ物などのうっかりミスが軽減できるばかりか、労働時間も短縮でき、利益性にも大きく繋がる。

このように、全社的に時間計画を徹底させることが他社との差別化になると考え、現在も実行しています。

次に考案したのが「見積内訳書作成業務」です。

公共工事を行っていますと、入札時に応札価格を入れなければなりませんが、その価格の根拠として、設計書の内容に合わせて金額を入れた内訳書が必要となります。私たち造園会社でもその作業がかなり負担となっていました。特に造園工事は特殊な工種が多く、その都度設計単価の調査をしなければならず、担当の社員は多くの時間を費やしていました。

そこで、お客様へのサービス向上を目的に、「見積内訳書作成業務」で、造園業者の皆様が生産性の高いお仕事に集中していただき、少しでもお役に立てればと思い、提案しました。

キャッチコピーは、「一年間に六十万かかっているのを三万七八〇〇円でできるとしたらいかがでしょうか。例として、担当者の人件費一人一日一万五〇〇〇円とし、二日間かかったとして三万円。一年間に入札が二十本あったとして三万円×二十本＝六十万円かかります」としました。

元々同業者の下請け業務に特化していましたので、お客様から見積内訳書の依頼を受けることもあり、その延長線上と考えて始めました。

すぐに十数社からの依頼はありましたが、キャッチコピーを自社に置き換えますとやはり多くの時間を費やしてしまい業務的には赤字でした。

しかし、当時は特に営業社員が居たわけではありませんでしたので、この業務の担当者は多くのお客様とコミュニケーションがとれるようになり、社内に居ながら営業活動や情報収集ができたのです。

新規のお客様は業務と割り切ってお申し込みいただいている方が多いので、そこから仕事に繋がることは少ないのですが、始めるきっかけは、「次に報いを求めない性善説の活動」として、お客様に感動を与えることが目的でしたので、お客様に喜んでいただくことが何よりでした。

見積書作成パンフレット

お陰さまで、既存のお客様からは仕事の依頼も継続していただいており、紹介などもしていただけますので、差別化業務として成り立っています。

現在では、データの蓄積やソフトを駆使して業務もかなりスムーズになってきましたが、社内の積算研修などにも役立てていますので社員のスキルが上がることもメリットになっています。そして最後に私もダブル・チェックをしますので、工事形態の動きや内容が事前に確認できて助かっています。

差別化業務について二点紹介しましたが、後発でしかも経営状況が苦しい会社は、他社との差別化をたくさん図らないと良い経営はできないと常に考えて行動しています。

4　CSR（社会的責任）

業界の皆さんにはこれまでの努力を認めていただき、理事への推薦を受け頑張っていましたが、会社を辞めたわけですから当然任期の途中で理事も退任となり、大変ご迷惑を掛けることとなりました。

やむなく一度は造園業界から手を引くことも考えていましたから、造園会社継承の話をいただき、もう一度業界活動に参加できることは嬉しかったです。

しかし、現状は自分の仕事で手一杯でしたので、しばらく業界活動の協力は無理だと考えていました。ところが同業者の多くの方から「業界の協力だけではなく、もう一度理事になってほしい」との声をいただき、発足から半年後の総会で理事への推薦を受けることとなりました。

ありがたい話ではありましたが、本業と業界のお世話の両立は厳しいと思っていましたのでどうするべきか悩んでいましたところ、新たに「ＮＰＯ部会」という部署を作るのでその部会長として運営をしてほしい、とのことでした。

私たち協会の発足団体にＮＰＯ法人があり、その法人の理事もしていましたので、連携して業界のイメージアップを図る活動などを考案してほしい、とのことです。

ありがたいことに、しばらくはＮＰＯ法人の活動に乗っかり、協会員さんに協力を仰ぐことで仕事が進められ、本業との両立も可能との考えに至り、理事の役を受けることにしました。当時の役員の方からも多くのご配慮をいただき理事に復活できたことは本当に嬉しく、業界に恩返しをしていかなければと強く思いました。

そして、すぐさま始まったのが、福岡市とＮＰＯ法人での共働事業で森林保全活動の「しかボラ」でした。福岡市の代表的な観光地の一つである志賀島。その展望台へ向かう道路に木が覆い茂り通行に支障をきたしていましたので、一般のボランティアを募集し、造園業のプロが指導を行いながら一緒に綺麗にしていこうという活動でした。

この活動は、地元の方はもちろん、観光客や手を付けられなくて困っていた地権者の方などからも大変喜ばれ、私たち造園業者も市民とのコミュニティ作りにやりがいや達成感が得られるなど、多くの成果が得られました。

もちろん私を含め社員も参加していましたので、自分たちの技術でこんなに多くの人に喜んでもらえることに感動し、自社でも手軽にできる大事な取り組みと考え、「我が社のCSR」として活動を進めることとしました。

キャッチフレーズは「ついでに、無理なく、本業を通じて達成感のあることに取り組む」ということで、地域清掃やボランティア活動などを積極的に行うことを決めました。

森林保全活動のボランティア

それでも会社の経営はまだまだ厳しい状況が続いていました。

そんな折、福岡市では都市公園の指定管理者業務の募集が始まり、当然当社には無関係と思っていましたところ、以前からよく知る体育施設の会社から「グループで応募するので一緒に組みませんか」と声を掛けていただきました。

公園管理の仕事を専門的に行ってきた私にはとてもありがたい話でしたが、会社の欠損も残る中、Ｃランクの弱小会社です。審査では経営状況も確認されますので、自社が入ることで審査に悪影響が出ることを懸念し断ることも考えましたが、「今まで培った提案力を期待しています」と念を押されましたので、大きなプレッシャーも感じながらグループに入らせていただきました。

企画書では、これまで交流のあった地元・福岡ソフトバンクホークスの選手やＯＢと将来構想を抱いていた野球企画や、ＮＰＯ法人で培った市民を巻き込んだ環境改善イベントに各種教室の企画・運営、講師派遣の提案、さらには造園技術で改善できる安全安心な緑地帯の樹木管理など、利用者に喜んでもらえる提案をたくさん挙げさせていただきましたところ、見事受注に至りました。

このような仕事は私がやりたかったことであり、今まで「公園」に携わってきた私の強みでもありました。さらに、この公園を運営管理することで、私が目指している社会的責任（ＣＳＲ）に一役買えるのであれば、これほど嬉しいことはありませんでした。

そんな公園の指定管理者業務で企画したエピソードを一つ紹介したいと思います。それは野球企画の提案に至る経緯で、思い起こせば平成十（一九九八）年頃の話です。

当時、会社の近くに「ちいさこべ」という居酒屋があり、自社の駐車場をお貸しするなど、もちろん飲みにも行っていました（現在は閉店しています）。その居酒屋には、当時ダイエーホークスの選手がよく来ていましたので、私も選手と話す機会が増え、オフにはゴルフに行ったり食事に行ったりしていたのです。

そんなオフに居酒屋の大将が、「お客さんとホークス選手を交えてソフトボール大会をしよう」と言い出したので、私も実行委員になり、ホークス選手四〜五人とお客さんを三十人程集めて開催の運びとなりました。

第一部は「選手と混合三チームによるソフトボール大会」。開会式の時、私の前に美少年がいたので「どこの高校ですか」と聞くと、「いえ、私はホークスの川崎（宗則）です」と言うからビックリしたことを思い出します。当時、細くて少年のようでした。

余談はさておき、第二部は居酒屋らしく「大宴会」です。「ハニーズ」（福岡ソフトバンクホークスのオフィシャルダンス＆パフォーマンスチーム）が踊り、アナウンサーがしゃべり、楽しい会でしたね。

さらに第三部は、選手自身が使用しているバットや手袋などのオークションです。収益金は運営費に回されていましたが、落札した人は実際にプロが使用したものを手にして大喜びでした。

そして私もこの時に、将来このようなイベントがしたいと思い、当時ホークスで現役の出口雄大選手、水田章雄投手に「将来、少年野球教室を開催し、オークションの売上げをチャリティーにして子供の施設に寄付できたら、社会貢献にもなるし楽しいよね」という話をしていましたら、やはり居酒屋での飲み友達でＫＢＣラジオで活躍していた倉田恵美さんや原田らぶ子さんも、「いいですね。応援しますので、ぜひ実現させましょう」と賛同してくれました。それでずっと思い続けていましたところ、公園の管理を受注する提案でイベントを盛り込む条件があったので、その思いを提案書に詰め込み、応募しました。

その提案が良かったという理由だけではありませんが、見事に受注でき、フィールドを提供いただけることになったのです。

すぐに当時お話をしていた皆さんに報告すると、快く賛同をいただきまして、十数年経った現在でもボランティアで協力をいただいています。

さらに少ない予算の中、たくさんの企業からもご協賛をいただき、現役ホークス選手との触れ合いにより、子供たちに夢を与えるイベントとして定着しています。

もちろん、子供の施設にも毎年寄付をさせていただいています。

本業だけではなく、好きな野球を通じて社会貢献ができてとても嬉しく思いますが、私一人では何もできません。やはり多くのご縁があり、それに感謝しながら実現させていくものだと思います。

これから続く将来も多くのご縁を大事にして、色々な角度からＣＳＲ（社会的責任）を進めて行ければ幸いです。

最後に、こんな社会貢献活動も行ってみましたので紹介します。

カブトムシ体験採取の幟

夏休みになると会社の前を、網と虫かごを持った親子がよく通ります。どうやらカブトムシを捕りに行っているようですが、いつ見ても収穫なしのようです。もたもたしていると夏休みが終わるのではないかと心配した私は、会社の片隅に「体験採取型カブトムシ小屋」を建ち上げました。

本物のクヌギの木も三本植えて、木くずの堆肥を敷き詰めた小屋に、罠を仕掛けて採取したカブトムシと社員が山から捕ってきたもの合わせて五十匹位を潜ませ、オープンさせました。ルールは、「虫かご持参でお越しいただくと、お一人二匹まで採取可能。採取が終わると百円以上募金箱に入れていただければ、それを恵まれない子供の施設などへ寄付させていただきます」という企画にしました。

会社の前には幟でお知らせし、あとは口コミを頼りにしました。一年目には子供のグループや親子などが十五組程お見えになって、七十四位採取され、しっかり募金もいただきましたので、ちゃんと寄付させていただきました。

なぜか三年後にはカブトムシが捕れなくなり、幼虫はモグラにやられて、やむなく終了となりましたが、多くの子供たちが喜んでくれた楽しい活動となりました。

その後、事務所も移転しましたが、また条件が揃えば復活させたいと思っています。

このように色々なＣＳＲ活動を行っていますが、会社の存在意義はいかに社会のお役に立てるのかだと思います。当然、仕事でも貢献していきたいですが、色々な活動をして地元にも愛される会社にしたいものです。しかし、この頃は、そのような思いはあってもなかなか行動には移せませんでしたので、背伸びをせず、できることからしていくよう心掛けました。

5　「公園管理運営士」試験

公園の維持管理をしたり、新たに公園を造ったりという仕事を二十五年以上やってきた当時四十九歳の私でしたが、ある時、目に飛び込んできたのが「公園管理運営士」の試験案内でした。何やら、昨年受注した公園指定管理者業務には今後必要になるようなことも書いてあるものの、経営者が受ける資格というよりは、実務に当たっている人が受けるのが相当だろうと思いましたが、私が内容を把握していないと人には勧められないのではないかという思いに至りました。

それと長年、「公園」に携わってきた者としては実力を確かめることができる試験ではないかとも思い、締め切り日ぎりぎりまで迷ったあげく、四十代最後のチャレンジに応募してみました。

早速、過去の問題集を取り寄せると、一次試験は択一問題が二十八問あるものの、その他は短文・小論文問題に事例問題と、ほとんどが論文形式のようでした。

午前と午後に分かれており、かなりハードそうなイメージでした。

しかも、苦手な論文です。やはりやめるべきかと思いましたが、苦手なことを克服しないと成長はしませんので、心を切り替え勉強に取り組むことにしました。

択一問題はたくさんの問題をこなせば何とかなると思いましたが、短文問題を何問か解いてみて答え合わせをしますと、回答の観点が全く違うことに気付きました。

これでは全然だめだと気づき、参考回答例やキーワードを一度書き写さないと、的確な回答はできないと感じましたので、覚悟を決めて、三年分の過去の回答を書き取ることにしました。

一カ月程でノート一冊は書き写していました。

そして仕上げのテストをしてみると、今度は時間が足りませんでした。

もう時間がありませんでしたので、時間配分だけ考慮し、一次試験に挑みました。一次試験合格率約五〇％、二次試験合格率約九〇％の試験。一次を乗り越えれば、あとは合格したのも同然だと思い、頑張りました。

そして、何とかすべて回答することができましたが、半信半疑で結果を待つことになりました。自信はありませんでしたが、何とか合格できました。

それから二次試験ですが、一次試験からは四カ月程経ってからの試験ですので、なかなかモチベーションが上がりませんでしたが、試験三週間前頃から勉強を再開です。

問題は、小論文二問（約一二〇〇字×二問）・試験時間一時間と、その前に二日間ビッシリと七講義を受けなければなりません。

試験内容ですが、一問目は毎年同じ問題でこれは事前に準備ができ、自分なりに回答を作り覚えるだけです。もう一問は時の運ということで、一次試験同様、過去の問題回答例を書き写して、多くの事例をイメージすることにしました。

しかし、試験前日までは私が幹事を務める業界の旅行があります。さらに試験一週間後は主催イベントがあり、その段取りと大忙しの日々でした。

そこで登場したのが、何とも便利なＩＣレコーダーです。忙しくて勉強に割く時間のない私を心配して妻が提案してくれました。問題回答を自分で録音して後は何度も聴くだけですので、旅行中バスの中でもずっと聴くことができました。二次試験のある大阪へ移動中も聴きながら勉強を進め、試験会場に到着です。

会場に乗り込み、一日目の講義を受け終わりますと、後輩たちも何人かいましたので、夜もちょっと食事に行くなど、リラックス気分で大阪の夜を楽しみました。

さて、二日間の講義も終え、いよいよ二次試験が始まりました。

一問目の例年問題をいかに早く書くかがポイントで、そうしないと二問目は考えながらの回答になりますので時間が掛かります。

そうは思っていましたが、やはり一問目でやや時間オーバー、二問目は少し中途半端な回答になった感はありましたが、二次試験不合格の一〇%には入らないだろうという安易な気持ちと、達成感を噛みしめながら会場を後にしました。

それから三カ月後、「合否通知」が送ってきました。自信満々で開封しますと、何度見直しても、まさかの「不合格」と書いてあります。何かの手違いではないだろうかと思うくらいかなりショックでした。

二次試験で落ちた人は、来年に限り一次試験免除と書かれていましたが、もう試験を受けに行きたくありませんでした。頭が弱いのは棚に上げて、少し驕《おご》りもあったのだと思います。

それでもショックから少し醒めて思ったのは「頭の弱い根本原因を正さないと先はない」、そのように考えを少し改め、四十代最後のチャレンジと思っていましたが五十代に突入です。そして、まず買った本が『勉強脳のつくり方』、ここから再スタートです。

成果が出たのかは分かりませんが、翌年、崖っぷちの二次試験が迫ってきました。昨年一緒に受験した後輩たちは全員合格したようでしたので、恥を忍んで色々と聞くべきかと迷いましたが、今の段階ではやめておくことにしました。しかし、昨年の小論文問題の解答について誰かに意見を求めたいと思い、お願いしたのが、同じNPOでご一緒していますSさんでした。国立大学出身で里山研究の第一人者でもあり、ファシリテーターとしても素晴らしい、とても優秀な方なのです。

内容をチェックしてもらうと、返ってきた言葉が、「具体事例はよいが、設問の問いに忠実に対応していない」と言われ、そこからできていないのかと思いながらも、引き続き、まずは「設問を忠実に守る。基本的なキーワードや旬なキーワードをちりばめる。具体事例を書く。最後に大切にしていることや基本としていることをまとめる」など的確な言葉をいただき納得しました。私の解答は「設問の理解が浅い。具体事例しか書いていない」ということです。今までたくさん学習した人・していない人の差は歴然です。これでは合格するわけがないと納得しました。

この際とばかり細かいやり取りを何度かさせていただき、やっと納得の解答ができました。本当にSさんには感謝しかありません。

あとは、この解答を確実に短い時間で書くこと。そして昨年同様、二問目に割く時間を少しでも多く作る。今回も勉強時間の確保は充分ではなかったのですが、文章の構成や最後のまとめなど大事なキーワードを勉強できたことが一番の収穫だったと思っています。

そして再び、大阪の試験会場へやって来ました。今回は謙虚な姿勢で臨みました。昼休みは会場で弁当を食べ、レポート書きの時間もしっかり作り、夜も弁当を買ってホテルで最後の勉強です。

二日間の講義が終わり、いよいよ修了試験となりました。

一問目は、予定時間よりややオーバーして少し焦ります。二問目も少し時間が足りず、行は残したものの取りあえず「まとめ」まで記入できました。

手応えはありましたが、昨年のことを思うと少し不安です。それから数カ月後、合否通知が送ってきましたので、恐る恐る開くと、間違いなく「合格」と書いてありました。たくさんの人に感謝をし、胸を撫で下ろした——そんな感覚でした。

技術者としても、経営者としてもたくさん勉強しなければなりませんが、やはり勉強は「やったが勝ち」ということをつくづく感じています。「一生勉強」ですね。

「いつも要領が良く、仕事も順調だね」、「苦労もなくて、いつも笑顔でいいね」、そのようなことを言われてきましたが、決してそんなことはありません。

「ナポレオン・ヒルの夢は叶う！」の勉強を原点に、願望を持ち続けてこれまで歩んできましたが、夢を叶えるためにどれだけの努力が必要なのか――。まだまだ足りませんが、努力の積み重ねこそが夢を叶える手段だと考えています。

そのようなことで「公園管理運営士」合格まで二年掛かりましたが、この努力は決して無駄ではなかったと確信しています。

「失敗も成功のもと、すべては上手くいっています」

6　弱者の戦略

経営戦略を学び、脳に汗かくことも多くなりますが、経営状況がいきなり向上することはありません。「ランチェスター戦略」の勉強からも少し遠ざかっていましたが、以前勉強し実行していたことを振り返りました。

まず、顧客戦略では「お客様に対して性善説で向き合う」という考え方がとても腹に落ち、経営の基準を明確にすることに繋がり、仕事がやりやすくなっていましたので、これも継続して実行です。

特に、この勉強会で良いと思った「葉書作戦」はどんどん実行しました。仕事をいただいた時のお礼の葉書から、入金お礼の葉書は当たり前の仕事になりました。さらに、お誕生日葉書も作り出すようにしました。ＦＡＸ用紙も季節ごとに分け、お礼のＦＡＸもすぐに送れるよう準備しました。

このような顧客対策の実行は思わぬ成果を生みました。入金のお礼状を送ったお客さんから「几帳面な会社ですね」と言われるようになりましたし、顔も覚えていただき、親しみを持って接してくださるようになりました。

実例として、ある社長さんと名刺交換をした時、その後仕事をいただいた時、前受金をいただいた時、完了後の入金をいただいた時など、四枚の葉書を出すことがありました。その後会社を訪問させていただきますと、その社長さんから「お金は出すから、何かアイデアを出さないか」と事業提携の話まで飛び出しました。これは葉書効果以外の何ものでもないと感じました。

それから、親しいお客様の誕生日には、『誕生日事典』（角川書店）に載っているその方の長所や、『３６６日　誕生花の本』（三五館）の花言葉などを書いた葉書を作成して出すようにしました。皆さんに喜ばれましたが、妻や子供からも誕生日を忘れられているオヤジ世代の方には特に好評でした。

経営の目的は粗利発生源のお客様作りやお客様維持になります。特に粗利は会社が生きていくために最も必要なもので、お客様より入金された時にしか発生しません。

しかし、入金のお礼状など今までどこからも届いたことがありませんでしたので、これはチャンスと考え行いました。


次に「顧客対応で一位を目指す方法」です。

これは、他社で実際に実践されているものを紹介いただき、自社に置き換えて作成したものですが、最後は自社の業務規則集にまでなりました。

何度も述べましたが、勉強会やセミナーなどで「これは良いことを聞いた」と思って実行する人は二％しかいないそうです。

私は、まずは「やったが勝ち」と思いますので、良いと思ったことは即実行です。

結果、良くも悪くも何らかの答えが出ますので、それが大切だと考えています。

さて、ここからは「顧客対応業務規則集」の作り方をご説明します。

まず、顧客対応には三つの段階があります。

〈第一段階〉お客様と「直接接するところ」を総点検し、「お客様に不便をかけているところ」、あるいはお客様に「二度手間をかけているところ」を見つけ出して、これを正す。

〈第二段階〉お客様に役に立つこと、喜ばれることを考えて実行する。

〈第三段階〉これに磨きを掛けて、顧客対応で地域ナンバー1を目指す。

これを第一段階から具体策を出して社内で検討し成長しましょう、という仕組みです。

次にその方法です。

(1)葉書大のメモ用紙を用意します。

(2)日常業務の中で、お客様と「直接接するところ」を総点検し、「お客様に不便をかけていること」などを思い起こしてもらいます。

(3)それを、一枚のメモ用紙に一つの項目だけ書きます。名前は無記名で、あればあるだけ書いてもらいます。

(4)期限を決め、投票箱に提出してもらい集計します。

(5)その集計をもとに、項目ごとに割合（パーセンテージ）を出します。

(6)その比率の多かった項目の一番目の問題から、解決のための具体策を全員で考えます。

(7)そして具体策をみんなで実行し、一番多い当社の問題から解決。

(8)さらに二番目の問題、三番目の問題と、一つずつ〈第一段階〉から変えていきます。

「励ます会」でのランチェスター経営・竹田陽一先生

ここまでが「顧客対応で一位を目指す方法」です。

これを何度か繰り返しまとめたものが「顧客対応業務規則集」となるわけです。

私もこの話を聴いてすぐ実行するわけですが、最初は、「お客様に不便をかけていること」というよりは「社内での不便」がたくさん出てきて驚きました。「社内に不便があるからお客様に不便をかけている」ということに気付くことになったのです。

これだけでも収穫でしたが、「顧客対応業務規則集」にまで到達すれば、次は全員で問題を出し合い、全員で協議していますから実行力は早まります。

しかし、ほとんどが技術者の会社ですので、なかなか〈第二段階〉までクリアできませんが、新入社員にも自社の問題も含め分かりやすく説明していますので、社員教育の教材としても活用できます。

あとは一つずつ質を高めていくことが重要であり、今後の課題となります。

いきなりですが、

「願望を持ち続ければ夢は叶います！」

このような「啓発系」のセミナーや勉強会が至る所

で開催されていますが、経営にしろ、スポーツにしろ、夢や願望、意欲というものを強く持たなければ何も始まらないのです。

私も若い頃に「ナポレオン・ヒルの夢は叶う！」のセミナーを受けたことにより、かなりモチベーションも上がり勉強になりましたが、やはり大事なのは、やり続けることです。

経営においては、やり続けることにより夢は叶うかもしれませんが、同時に戦略知識も携えていかないと、打つ手が分からなくなる時期を迎えます。

そこで、「ランチェスター戦略」の勉強を進めていくと、「ウエイト付け」という言葉がよく出てきますが、次のデータがあります。
①願望・意欲・決断力（夢の実現）……………五三・三％
②目的・目標（重点目標や売上目標）…………二六・七％
③戦略・情報・革新・仕組み・教育 …………一三・三％
④戦術（体を動かし、汗をかく仕事）………　六・七％
まずは夢の実現に向けた、願望や意欲が最も大事ということです。

そして日本人は体を動かし、汗を流す仕事を特に重視しがちですが、経営全体では六・七％しかないのです。

そこで、願望、意欲、決断力など個人のパーソナリティを除外すると次のようになります。

①目的・目標…………五七・一％
②戦略・情報・革新・仕組み・教育…………二八・六％
③戦術…………一四・三％

ここでは、経営の重要な要因①②を、自社に合った正しい目標に定めるための高度な戦略知識が要ることになります。そのウエイトは、①②を足すと約八六％にもなるのです！

そのようなことから、冒頭「夢が叶う」の勉強が最初に必要なことではあるのですが、「経営戦略」の勉強も進めておかないと、行き詰まった時に継続が困難になることが分かりました。

結果、強い夢や願望を持ってやり続けるためにも、次の勉強をしっかり行うことが「夢の実現を確実にする手段」と言えるのではないでしょうか。

それは、経営の八大要因「商品・地域・業界・営業・顧客・組織・財務・時間」を自社に合った目標に落とし込むことです。

私も夢や願望が強く、次の勉強がなかなか進みませんが、「困った時に打つ手を判断できる戦略能力」が少しずつ身についてきていることは実感できます。

そして、二〇一一年にやっとマタケ造景での「経営計画書」を作成することができました。

もちろん、経営の八大要因に基づいて作成しましたが、その他の将来計画もしっかり十年先まで書き込み、社内で発表会を開催しました。

経営環境や時代の変化により内容も変化していきますが、私の強みであった「公園整備工事」などは現在でも重点業務となっています。

さらに、一位作りの戦略は、「焦らず、慌てず、一歩ずつ、前へ！」をスローガンに着実に前進しています。

現在の「経営計画書」の構成は、業績を決める実行要因のウエイト付けからまずは一番大きい「目的・目標」に位置する経営理念、経営目的、スローガン、将来計画から始まり、経営の八大要因（業務、営業地域、業界・客層、営業ルート、営業・顧客、組織、資金、時間）について、最後に社員の意見を吸い上げた「顧客対応業務規則集」の約三十ページになっています。

二〇二二年版では、何のために「経営計画書」を作成し共有するのかを、社員に理解しやすいように〈はじめに〉という項目を付けて説明しましたので、最後にご紹介してこの項を終わります。

「マタケ造景㈱経営計画書」

〈はじめに〉

さて、最初に経営の目的とは何でしょうか？

利益を出す、生活を守る、社会貢献をするなど、色々な意見があると思いますが、まずはこのことについて再確認したいと思います。

人は、食事から採るカロリーをエネルギーにして生きています。もし必要なカロリーが不足すると徐々にやせていき、やがて死んでしまいます。

これが会社ですと、「粗利益」をエネルギー源として生きています。

給料や経費はもちろん、設備の支払いや借入金返済も「粗利益」の一部から出ています。「粗利益」が不足すると、会社は徐々にやせていきやがて死んでしまいます。

会社の中では実に様々な仕事がなされていますが、お客様のお金と商品を交換した時（工事が完成し工事代金を頂いた時）、お客様のお金に手を触れた瞬間、「粗利益」の分子が「ポン」と飛び出します。

この時以外で「利益」が生まれる仕事は、会社の中に一つもありません。

すべての産業はお客様がいるから成立しており、すべての会社もお客様がいるから生存しています。これは大昔から今日まで変わらないので「不変の大原則」となります。

さらに、お金を払う決定権は一〇〇%お客様にあり、会社には一%もありません。

それともう一つ、私が今まで勉強してきた中で、お客占有率一位の会社の従業員一人当たりの経常利益は、お客様占有率の二乗に比例することが分かりました。簡単に言うと、お客占有率一位の一人当たりの経常利益は、二～四位の一人当たりの経常利益の三～六倍も多くなっています。

とにかく一位になれば会社の利益も増えるということですが、会社を一位に輝かせるのは社長の仕事であるのは言うまでもありません。

しかし、社員一人一人が、様々な仕事の分野（設計・施工管理・指定管理者・技術者など）で一位になる。他社の社員に絶対負けない一位を作る。お客様からの信頼一位になる、など、とにかく何かで一位になる意識を強く持ち、目標設定をすることでさらに強い組織になります。

以上のことから、会社の目的は、「経営の源であるお客様を作り出し、その数を増やすこと、お客様占有率で一位になること」となります。

目的を「利益」におく会社は長続きしないということも理解できると思います。

良い会社にするには、必要な粗利益を継続して取り続けることが欠かせません。

そのためには、粗利益が生まれる「大本」に対して、まずは自社にふさわしい目標を設定し、次にその目標を達成する良い方法を考えた後、力強く実行に移す必要があります。その実行の手順書が「経営計画書」となりますので、しっかりと理解を深めていただき、会社成長の一助にしていただければ幸いです。

福岡アイランドシティでの
グリーンベルト工事

公園工事での複合遊具

園庭工事事例　1（H 保育園）

園庭工事事例　2（Y 幼稚園）

「ホークスみんなのガーデン」にてホークス賞を受賞

フラワーガーデン・チャンピオンシップでイギリス行きを決めた出展花壇

福岡市植物園の壁面緑化

個人宅外構の
車庫・門柱・
フェンスなど

枯山水の庭

かわいい玄関
アプローチ

7　新社屋

第二創業者として会社を引き受ける前はアパートの一室を借りて独立準備をしていましたので、会社を引き受けてもその部屋で業務を行いながら、すぐ近くにあるプレハブの会社事務所を行き来していました。その事務所はデスクが三台置けるぐらいの小さなスペースでしたので、既存従業員の現場書類作成や経理事務が行える程度で、私は先に記述した通り別室で作業をしていました。

造園業ですので機械や車両などもありましたので、既存の倉庫と資材置き場を使用していました。倉庫は元社長宅の敷地内にあり、しばらくはそこに集合して朝礼を行っていました。また資材置き場もすぐ近くにあり、面積五百坪という広い場所に引き上げた樹木や肥料・自然石などの資材、それにクレーン付きトラックや建設機材も置いていました。ここは以前から安い家賃で借りていたようで大変助かりました。

そのような状況から半年が過ぎる頃には、二分した事務所の利便性の問題や新たに従業員も迎え手狭になりましたので、事務所の隣にあった三ＤＫのアパートの一室を借り移転しました。このアパートは前社長の所有物件でしたので駐車場も四～五台確保できて良かったのですが、アパートの住民はすべてファミリーでしたので、周囲に気を遣いながらの業務となりました。

ここに移ってからは、朝は広い資材置き場に集合して朝礼を行っていました。

二〇〇七年に会社を発足させて我武者羅に頑張ってきた結果、四年後には債務超過からも脱却し業績も上がってきました。福岡市造園工事登録ランクがCからBに上がり、社員も増えてきましたので、またもや事務所が手狭になってきました。それと倉庫、資材置き場、事務所の行き来にも不便を感じていましたので、倉庫を併設した少し広い事務所を探すことにしました。

この時も地元に特化した不動産業を営む友人に相談しますと、すぐ近くに調整区域ではありますが、一棟の小さなプレハブが建つ敷地二五〇坪程度の土地を紹介してくれました。この場所は広い道路沿いで、土地も広いので、倉庫やコンテナハウスがたくさん置けます。ここだと社員が増えても心配ないと思い、二〇一三年に引っ越しをしました。この頃には福岡市造園工事ランクもAクラスに上がり、増資も行うなど会社も軌道に乗り始めてきましたが、引っ越しした直後に業績が落ちることもありまだまだ油断はできない、と気持ちを引き締めたことを思い出します。

それからはなかなか社員が定着しない中でも少しずつ増えてきたので、コンテナハウスを継ぎ足したりして働きやすい環境整備に務めました。

ちょうどその頃、今まで安価でお借りしていた資材置き場の貸主さんが他界されましたので、近い将来返さなければならないということになり、少しずつ資材の整理を始めると同時に別の資材置き場も探すことにしました。

会社発足から十年経った二〇一七年にはさらに増資を行い、特定建設業（自己資本と資本金が規定以上で得る権利）も取得することができ、Ａランクの同業者と同じ土俵に乗れるようになりました。

そんな折、資材置き場の整理もかなり進んでいたところ、貸主さんより相続された娘さんが土地を売却するということになり、最初に借りられた前社長の知り合いの不動産会社が売却を担当されることになりました。そのような経緯でまずは私に買ってほしい、との相談が来たのです。

小さなプレハブが建つ前社屋

小さな会社の経営原則で考えますと、固定資産を増やすことは経営環境を悪化させることにもなりますので慎重に臨むことにしました。

さて、この五百坪の販売価格が気になるところでしたが、地目が「田」ということで思っていたよりは安かったのですが、「田」から「宅地」への地目変更が果たして簡単にできるのか、その他にもたくさんの課題があると考えました。

不動産会社の社長さんがかなり根回しをされて事を進めていました。特に農振（農業振興地域の整備に関する法律など）にはとても厳しいものがあり、一筋縄ではいかないと考えていたところ、元社長とのお付き合いや若い頃のソフトボールでのご縁もありこの地域には顔見知りの人も多く、地元農振の会長もよく知る人でしたので、地目変更もスムーズに進んでいきました。

後は資金をどうするかでしたが、顧問税理士に相談したところ、「会社の固定資産を増やしたくないのであれば個人で借入したらどうですか」と言われました。これまでマンション住まいで何も担保がない私に高額の借り入れができるのかと思っていたところ、会社の業績も考慮されすんなり実現できました。まさか個人の借り入れに会社の業績が関係するとは思いませんでしたが、土地の取得がとんとん拍子に進み本当に嬉しく思いました。

後に二十年間住んでいたマンションも売却できましたので、返済に充てました。

せっかく土地も購入できたので、事務所賃借料の削減も考え、早速移転をすることにしました。最初はコンテナハウスを移動すればよいと思いましたが、宅地への地目変更もできていましたので思い切って新社屋の建設を決めました。

建築会社は、二十代から同じソフトボールチームでお世話になっている友人に機会があれば頼みたいと思っていましたので、ここに来て希望が叶いました。造成から外構工事は自社で行い、さらにこれまでご縁のある業者に多大な協力をいただき完成の運びとなりました。会社の自己資金だけで何とか完成に至りましたので、改めて多くのご縁に感謝することになりました。

またこの場所は、住宅地域でもあるため、店舗に住宅も備えなければなりませんでしたので、社屋の二階に住居スペースも構えることにしました。

二〇一八年十一月、新社屋完成に伴い事務所移転、翌年五月には自宅の引っ越しも行い、会社、資材置き場、倉庫、そして自宅も併設して、とてもよい環境で仕事ができるようになりました。

会社発足から十一年でこのような経営環境に至るなど想像もできませんでした。私の場合、好調に事が進むとすぐに調子に乗るタイプですので、「ランチェスター戦略」の「弱者は小さな成功で調子に乗るな！」を肝に銘じて、これからも一歩ずつ積み重ねていきたいと考えました。

新社屋

8　シンデレラ商品

会社発足から十五年が経ち、社員もかなり増えてきましたが、経営は「守りに入ると衰退」とも言いますので、常に前を向いて進むしかありません。

経営の原則は、当然「お客様ファースト」ですが、経営理念に、「幸せ創出企業」として、「一緒に働く仲間が成長し、心豊かで幸せな生活を営む」と、「社会的責任企業」として、「本業を通じて、たくさんの方々へ癒しと喜びを提供する」を掲げています。お客様に喜んでいただいて大きな報酬を得ることができれば、社員の給料も上がり幸せな生活ができますし、会社の存在意義を考えますと、いかに地域へ貢献できる企業になるかになりますが、これもしっかり報酬を得ないとできないことです。

そのようなことから、日々思考を巡らせながら経営に取り組んでいますが、商品やお客様を完全に変える商売は、リスクが高いので決して零細企業が取り組んではいけません。そのようなことも学んできましたので、大きな事業展開というよりは、今の業務に関連した仕事や今の客層を中心に考えなければなりません。

そして、そのような業務や商品の中からまさかの大ヒットが出ることがあるのです。それがいわゆる「シンデレラ商品」となるのですが、少しずつでも色々な思考を巡らせていかないとそうした商品に出合うこともないので、最初に申しましたように前向きに進むしかありません。さらに経営の勉強や研究を重ねていかないと、キラリとしたシンデレラは現れないようです。

現在の自社の業務を整理してみますと、景観工事に特化した下請け業務と、公共工事の元請け業務が約八〇％を占めており、その内の約三〇％がくじ運の良い時の元請け業務となります。その他民間企業からの下請けが一〇％、個人、企業や団体からの元請けが一〇％となっています。

売上の三〇％がくじ運で決まる業務など、あってはならないのですが、これが実情です。現在は総合評価方式の入札やPark PFI（公募設置管理制度）、指定管理者制度など公募型の入札なども増えてきましたが、ここもかなり特化していかないと厳しい競争になっています。それでも受注に至ればある程度の収益は期待できますので地道に努力するしかありませんが、官民連携の施策は予算的にも厳しく、資金とアイデアが必要となってきますので、我々のような小さな会社にはなかなか手が届かない部分もあります。

そのような状況ではありますが、自社では「公園工事品質提案力、指定管理者制度提案力の向上」や「技術者育成部門」などを導入して社内研修などを行いながら、収益性のある業務の受注チャンスをねらっています。

また、営業的には、「公共工事受注拡大」を視野に、福岡市以外の官庁での受注取り組み強化も進めているところですが、これも少し時間が掛かりそうです。

しかし、まずは会社の基本業務をしっかり進めていかないと将来への展望に繋がりません。さらに元請け業務の比率が増えれば当然会社の収益も上がりますので、しっかりここは進めていかなければなりません。

さて、ここまでは自社においても普通に考え着く戦略ではないかと思うところですが、これで「物心両面の幸せ」が訪れるとは到底思えません。まだまだ戦略能力を高めなければなりませんが、まずは何かで一位を作ることに思考を高めなければなりません。「ランチェスター戦略」の研究をすると、「一位と二位や三位とでは、一人当たりの利益で三倍も四倍も差が出る」ということが分かりました。

何かで一位を作ることが、私が考える「社員ファースト」になることは間違いありませんので、これからもしっかり脳に汗をかいて研鑽していきたいと思います。

そして近い将来、「シンデレラ商品」と出合うことを楽しみにしています。

9　一人一花運動

二〇一八年に福岡市では「花と緑があふれ、豊かな心が育まれるまちへ」をキャッチフレーズに一人一花運動が始動しました。

その前年に私が所属する（一般社団法人）福岡市造園建設業協会では三十周年を迎え、記念事業として市役所花壇の整備を行いました。当時、そこには数種類の低木が植栽してあり、時期によっては花も咲きますが、決して良い景観とは思えませんでしたので、「蝶々も回遊する花いっぱいの花壇」を目指して全面リニューアルを試みました。またリニューアルした花壇は当協会にて十年間無償で維持管理することも約束し、スタートする運びとなりました。

弊社の花壇

オープニング・セレモニーでは、花いっぱいになった花壇を見て市長も大変喜ばれていましたので、おそらくこの出来事が翌年からの「一人一花運動」のきっかけになったと私は思います。

「一人一花運動」は、「一人一花！」、「一企業一花壇！」を合言葉に、「みんなで福岡を花と緑いっぱいのまちにしていきましょう」という取り組みで、現在では多くの市民や団体、企業などが参画して市内あちこちの場所で美しい花壇を見ることができるようになりました。

当然弊社も一企業としてこの取り組みに賛同し、社屋の入口には一〇平方メートル程度の花壇を整備して年三回の植え替えを行うようにしています。

ここでは、近所の人から「綺麗な花に癒されます」とか、植え替え時期になると「何の花が植えられるか楽しみです」とよく声を掛けられます。また近所の幼稚園の散歩コースになってもいますので、「福岡市のありとあらゆる場所での花づくりを通じて、人のつながりや心を豊かにし、まちの魅力や価値を高める、花によるまちづくりを目指す取り組み」という趣旨が的を射ます。

さらに、指定管理者として管理する西部運動公園でも、毎年少しずつ花壇を増やしながら、花植えイベントなども開催しています。

そして、二〇二三年に新たな部署として「マタケ花壇部」を設立し、西部運動公園においては、環境にやさしい再生花壇や子供たちが楽しめるガーデンなども造って来園者サービスに努めています。

また、「マタケ花壇部」では、福岡市で行われるガーデン・コンテストに参加することを活動の一つにしました。

　市内では三つのコンテストがあり、そこでの入賞を目標に参加することにしました。最初のコンテスト「うみなかフラワーガーデンコンペティション」では書類選考で落選、次の「一人一花スプリングフェス市民花壇コンテスト」では出展はできましたが入賞には及ばず、最後は「ホークスみんなのガーデンフラワーガーデンコンテスト」への応募となりました。ここでは「うみなか」で賞を取ったデザイナーとタッグを組んでの参戦となりました。結果は一次審査で入賞の二十作品中に選ばれ出展、最終審査では入選三賞の一つ「ホークス賞」を受賞しました。

コンテストの授賞式

　今回が初めての出展でいきなり受賞したということで、式典に参列された関係者や市職員、もちろん私も大きな驚きでしたが、たくさんの祝福を受け大変嬉しかったです。

　そして、三つのコンテストの内の一つで受賞したことにより、「一人一花フラワーガーデンチャンピオンシップ」の出場権が得られたのです。実は弊社のガーデナー（林雲採《イムウンチェ》）は前年、このコンテストがあることを知り、ここに目標を定めて頑張ってきた、と言っていました。見事に有言実行です。

このコンテストには選ばれた八団体が出場、その中からイギリスで開催される「チェルシーフラワーショー」に一人一花アンバサダーである石原和幸氏のチームの一員として参加するメンバーが選出されます。

そのようなこともあり、弊社のイムも気合が入っていましたが、決勝大会ですので強敵揃いです。

さあ、審査発表の日です。市長の手に入賞の名前を書いたバインダーが渡されて、最初に「マタケ造景・イムウンチェ」と言われ、私も耳を疑うほどの驚きに会場がざわついていました。本当にこの快挙にはビックリです。

思いもしなかったイギリス（チェルシー）行きも決まりましたが、マタケ造景の看板を背負っていくからには多くのことを学んできてほしいと思いました。

私にしてみれば、福岡市が進める「一人一花運動」に一役買えればという気持ちで、コンテストにも参加したのですが、入選した花壇は福岡市植物園に一年間展示されるとのことですから、会社の宣伝もできて本当に嬉しく思います。

さらにこの福岡市植物園では、福岡市の緑の拠点として見せるだけの植物園から、市民、団体、企業などと連携して「作る過程も楽しむ」など、多くの方が参画して「みんなで作る植物園」を目指していると聞いています。

弊社も二カ所の壁面緑化の施工に携わり、こちらも「マタケ花壇部」において無償で維持管理の協力をしています。

このように変化を楽しめる植物園となっていますので、興味をお持ちの方は繰り返し福岡市植物園に足を運んでいただくと新たな発見があると思います。

弊社では「一人一花運動」の趣旨に賛同し、これからも無理せずできる範囲で、花と緑の活動をしていきたいと考えています。

第6章　ご縁に感謝

1　趣味からのご縁

新婚時代のアパートの前で

ここからは少し時間を遡って、新婚後のプライベートなお話をさせていただきます。

新婚生活をスタートさせた福岡市東区〇〇台は一軒家が建ち並ぶ住宅街ですが、なぜかこんな街の角地にアパートが一軒ありました。

一〜二階に二軒ずつで、私は二階で、隣はF工業高校の野球部監督家族、一階には、夫婦で小学校の先生をされている家族と、化粧品販売店が入居していました。

引っ越ししてきて当然町内会に入るわけですが、町内活動が結構盛んな地域で、早速色々なお誘いがありました。ソフトボール大会、バレーボール大会、運動会などスポーツが盛んでしたが、町内には若者が少ないようで、引っ越してくるとすぐにアプローチがありました。

まずはソフトボール大会への参加依頼があり、隣の住人の高校野球部監督Sさんと早速参加しました。Sさんは実家も近所らしく、元ノンプロの野球選手で地域では有名な方でした。

そんな中、私も期待に応えるべく活躍し、楽しい時間を過ごさせていただきました。打ち上げでも持ち前の明るさで陽気に騒いでいましたので、すぐにリーグ戦に参加している町内のチームへと誘われました。これが手だったそうですが、たまの日曜日、気分転換に運動も大事かなと快く入部させてもらいました。

しばらくすると運動会シーズンとなり、当然お誘いがやって来ます。この地域の運動会はビックリするほど盛大で、まるでお祭りのように賑わっていました。そんな中、やはり盛り上がるのがメインイベントの町内対抗リレーです。

午前の予選に続き午後の決勝になると、すごい歓声で緊張感が高まります。私の住む町内は上位常連チームらしかったのですが、その年から私の参加により、ひと味変わることになりました。

私は第一走者で、一周走る間に二位に四分の一周程の差を付けてダントツの一位でバトンを渡し、そのリードを最後まで守りチームは優勝しました。

それが三〜四年続きましたので、「足の速い人」として地域ではちょっと知られるようになり、ソフトボールでも、「〇〇台の秋山選手（ライオンズ～ホークス）」と呼ばれるようになるなど、地域の皆さんに可愛がっていただきました。

ちょっと自慢話が続きましたが、野球ができて足が速いだけで、こんなに町内に貢献できるとは思いませんでした。

そのようなご縁により、色々な場面で助けていただくこともありました。

町内には社長さんに役所の人、銀行員に会社をすでに退職された人など、私にとっては年上の方ばかりでしたが、個人的にも色々な場面でご指導をいただきました。仕事の相談にも快く応じていただくなど、本当にご縁の大切さを身に染みて感じました。

現在は町内も変わり疎遠になった方もいますが、顔を合わせる方も多く、特に当時三～四軒隣の中山さんの息子さんは、その頃高校生で送迎した記憶もありますが、今では全国区の人気芸人「なかやまきんに君」となっていますから驚きです。現在でもご両親と交流があり、有難いことにきんに君にはイベントへの協力もいただいています。

数年後には同じ地域の市営住宅に移り、二十代は野球とソフトボールに熱中、日曜日は終日試合に行っていましたが、会社を独立して仕事が忙しくなると、ほとんどのチームはやめて、健康維持のため、のんびりできる町内のソフトボールチームだけに絞りました。

町内のソフトボール・チームには小さな子供を持つメンバーが多く、夏休みはキャンプや夏祭り、年の暮れには餅つき大会に納会と、子供たちも一緒に楽しめる良い環境でした。そして、毎年恒例の夏祭りが訪れます。

その頃私は隣町にマンションを購入して移り住んでいましたが、ソフトボール・チームには所属したままでしたので、夏祭りではチームでの露店出展にも参加していました。名物となっていた焼きそばに、飲み物や子供向けのくじ引きと、準備段階から子供たちも交えて楽しいレクリエーションになっていました。

ここで少しソフトボール・チームの話をさせていただきますと、市営住宅の住人で発足したチームでしたが、その後、半分位のメンバーが引っ越していきました。そのようなことから、もはや地域のチームとしての運営は難しく、クラブチームとして再出発することとなり、私は初代の監督を務めていました。

試合ではキャッチャーとして全体を見渡せるポジションについていましたが、当時はウィンドミル投法（風車のように腕を大きく一回転させ、その遠心力を利用して投げる）を覚える人が多く、球は速いがノーコンで大変でした。二試合もすればばくたくたになっていました。

それから、クラブチームになったことにより、市営住宅に住む人、出て行った人の人間関係をまとめることも大事な仕事になっていました。年上の人が多かったのですが、大人げない言動に争い事、時には離婚相談を受けるなど、まさか趣味の世界でこんなに苦労するなんて思いもしませんでした。これもみんなから選ばれたリーダーの役割、そして人生経験と思い、前向きに取り組みました。

夏祭りから話が脱線しましたが、そんなポジションの私でしたので、地域からは離れたものの夏祭りには積極的に協力していました。

仕事柄、会社で所有する発電機や照明器具、運搬用のトラックは提供していましたが、ある年の夏祭り終了後、片付け中に事件が起きました。

発電機の燃料を確認しようと燃料タンクのキャップを緩めた瞬間、希薄したガソリンが噴出して、ガソリンの雨に現場が騒然となりました。「夏祭りでガソリン爆発」と朝刊の一面に載ってもおかしくない状況に、身体が凍りつきました。

ガソリンが掛かった子供さんがいたので、すぐに病院に行ってもらいました。幸いにも大事には至りませんでしたが、親御さんには大変ご心配をお掛けしました。本当に本当に、あってはならない恐怖体験となり、チームのみんなにまで迷惑をかける結果となりました。

特にチームの代表が癌を患い闘病中にもかかわらず、病院回りや色々な手続きをしてくださったことを思い出すと、今でも胸が痛みます。ボランティアでも軽はずみな行動で重大事故を起こす可能性もありますので、いつでも責任ある行動に徹することを肝に銘じました。

この一件を最後に夏祭りの参加をやめましたが、当時のチームメイトは「七十歳までこのメンバーでソフトボールをやろう」と絆が強まり、現在でもチームは継続し、子供世代が中心となり私たちも一緒に頑張っています。

最後に、子供との思い出話を少し書かせていただきます。

三十代も後半になると、子供たちも小学生から中学生になっていきます。

二人の娘は小学校生代は揃ってバレーボール・チームに入り、送り迎えや応援も一緒に行えて助かったのですが、長女が中学生になると陸上部に入部しました。それぞれの応援で大忙しとなりましたが、特に陸上部に入った長女は私に似て足が速かったので、応援にも力が入ります。

そんな長女が一年生の、夏の大会の時のことです。四〇〇メートルリレー・チームで県大会まで進み、北九州の陸上競技場に応援に行くと、予選を通過し決勝へ進みました。二位以内に入ると次は九州大会に出場できますので、ビデオを片手に最高のポジションでスタンバイ。子供以上にハラハラドキドキの瞬間からのスタート。第三走者の娘を必死に撮影しながら順位を確認すると三位から二位へ、しかしアンカーが抜かれ、残念ながら三位でした。

「惜しかったね」と妻と話をしながら会場を出て駐車場に向かっていると、何やらアナウンスが聞こえてきました。

「只今の競技は二位のチームに違反があり失格となりました」

「なに、なに、今なんて言った！」と慌てて会場に戻ると、まさかの繰り上げで二位になっていました。

沖縄で行われた九州大会へは同級生の家族と行くことになりました。帰省時期でチケットが取れず苦労しましたが、同級生のお父さんが色々と手を回し、他県チームの枠に入れてもらって現地入りしたことを思い出します。

そのお父さんには観光の段取りなどもしていただき、大変助かりました。試合は予選落ちでしたが、思わぬ夏休みの家族旅行となりました。

長女は陸上部に入りましたが、二女はバレーボールを続けていました。

冬になると小学校では持久走大会が行われ、五年生だった二女の持久走大会の応援に仕事を抜け出して行きました。

どうしても勝てない相手がいるようでしたが、「今年は追い抜く」と言うので、こっそり見ていると、一位を激走しているではありませんか。もちろん一位でゴール、根性者の二女は持久走に適しているようでした。

そして、六年生になってもダントツで二年連続優勝の娘に刺激を受けた私は、小学生最後の思い出づくりになればと、海の中道で行われる「親子マラソン」に応募しました。

この頃は全く走っていませんでしたので、大会一カ月位前より練習を始めるも、おなかの出っ張りが邪魔して苦しい練習となりました。

残念ながらおなかが引っ込むことはなく、迎えた本番当日です。

二キロのコースを親子同時にゴールするのがルールですが、スタート地点に立つと、他の親子は陸上クラブに入ってますと言わんばかりのユニフォーム姿。私たちは普通のTシャツに短パンで、ちょっと場違いのような感じもしました。

それでも、スタートすると一組の親子が飛び出したので、「ヨシ、この組に付こう」とトップ・アスリートのような作戦に、娘はしっかりピッチを上げて付こうとしますが、問題は私です。少しは付けたものの、もう無理と分かりペースダウン。当然引き離されましたが、最初のハイペースが最後まで尾を引き、苦しい展開となりました。

娘は顔色一つ変えず最後まで走りましたが、私はゼーゼー、ハーハーと、娘に手を引かれ何とかゴールです。それでも終わってみると、まさかまさかの準優勝です。陸上親子を横目に表彰台に上らせていただき、メダルと景品をいただくなど本当に嬉しい二女との小学生最後の思い出になりました。

そんなこともあり、二女も中学生になると陸上部に入部、二人の娘の大会にはカメラにビデオを持って、スタンドの端から端まで走り回って応援をしていましたので、私の姿を見た他の父兄からは「ミスター運動会」と呼ばれていました。

最後は親バカな話で失礼しましたが、子供を通して、ご近所付き合いを通して、さらには趣味を通してと、これまでの私生活でも多くのご縁をいただきました。疎遠になっている方もいますが、その時々で誠実にお付き合いをさせていただきましたので、現在でも色々な場面でお世話になりながら、長いお付き合いとなっています。時には仕事のご紹介をいただくこともあり、関連業界の方もいますので、助けられることも多くあります。当然ですが、私にできることはしっかり「性善説」の対応をさせていただいています。このようなお付き合いが末永くできていることにも本当に感謝です。

親子マラソン表彰台

2　健康を意識する年頃

歳を取ると朝早く目が覚めるとよく言いますが、私にも四十代後半になるとその現象がやって来ました。まあー、せっかく朝早く目が覚めるので、健康のためにウォーキングでもしようと思い、始めてみると、これがなかなか気持ち良く、しばらくするとジョギングができるまでなりました。

ダイエット効果も出てきて、朝の時間が有効に使えてよかったのですが、半年位経った頃、夜になるといきなり蕁麻疹《じんましん》が出始めました。

病院で検査をしてもアレルギー反応など出ず、原因が分かりませんでしたが、薬を処方してもらい、それを呑めば蕁麻疹が引きます。しかし、それの繰り返しでしたので、しばらく通院して原因を探ってもらったところ、ついに原因が判明しました。私も驚きましたが、朝のジョギングがストレスとなり発症しているとのことでした。医師からは「健康のためにされていたようですが逆効果ですね。すぐに辞めてください」と言い渡されました。

ということで、せっかく始めたジョギングもやめることにしましたが、しばらくすると蕁麻疹が出る頻度も少なくなりました。

そんな折、会社を移転することになり近所を散策すると、すぐ近くに片道三キロの遊歩道を発見しました。「長谷ダムふれ愛ロード」との看板があって、小刻みなアップ・ダウンがあり、桜並木もあり、多くの市民がウォーキングなどを楽しんでいました。

ここなら仕事終わりの夕方にでもジョギングができると思っていましたところ、娘が会社で

「富士山マラソン」（フルマラソン）に出ると言うのでビックリです。ちょうど市民マラソン・ブームの先駆けで、応援アプリがすぐに入手できリアル・タイムに結果が分かりましたので、それを見ながら応援です。

結果は見事に完走、ちょっと娘には刺激を受けましたね。フルマラソンとは無縁でしたが、チャレンジ・スイッチが入りました。

その頃五十歳の誕生日を迎え、朝ジョグをやめてから三カ月位が経過していましたので、またウォーキングから再開して少しずつジョギングもできるようになりました。幸いに蕁麻疹も収まり、良い感じの健康管理になってきました。

さらにその頃、業界主催の「新年の集い」で、久しぶりにお世話になっていた市職員のY氏と再会すると、何だか驚くほどスレンダーになっているではありませんか。お酒が好きな方と聞いていたので、もしかして体調を壊されたのではと思い、恐る恐る聞いてみると、「健康管理のためにランニングを始めて、何度かフルマラソンにも出ましたよ」と言うのでさらに驚きです。

年齢は私より少し上でしたが、五十歳過ぎから始めたというのです。そこからマラソン談義に花が咲き、お酒の勢いもあって、「一年後のフルマラソンに私も挑戦します」と思わず口走っていました。

それからY氏の「初マラソンは〝いぶすき〟が良いですよ」とのアドバイスを受けて、「一生に一度は挑戦してみたい」という思いから、「いぶすき菜の花マラソン」にエントリーすることにしました。

それからは翌年一月の大会に向け、秋口には五〜六キロは走れるようになっていたと思います。十一月から距離を延ばし、一〇キロ・一五キロ・二〇キロ走、さらに十二月にはマラソンの先輩方から「三〇キロまでは一度走っていた方が良いですよ」とのアドバイスを受け、大会三週間前に実行です。

さすがに二七キロ付近で足が止まり、二〜三分ストレッチを入れ、何とか走り切ったという感じでしたが、これも大会に向けて良い経験となりました。足が止まれば、ストレッチをすれば走れる。当然、三〇キロ先は未知です。

そんな走り込みも、十一月・十二月で三〇〇キロを超えていました。

私の中では、ここまで順調にやることはやった——そのような達成感の中、「一月に入ったら軽目の調整にして、体調管理重視で行こう。大会一週間前からは禁酒だ」と意気込みはバッチリだったのですが、一週間前にまさかのインフルエンザを発症。そのお陰で、一週間の禁酒には成功しました。

熱も三日で下がり、完全復調とはいきませんが、私の中では出る気満々です。私の体調を心配して参加に反対していた妻も娘も「止めても無理よね」と、私の性格を考慮してくれて、それならばと、マラソン・アイテムのプレゼントまで受け、家族の心配もよそに、無理を言ってスタート地点に立たせてもらいました。

私も多少の不安が残る中、「最低限、明日の仕事に影響を与えてはいけない」ということだけは肝に銘じてのスタートでした。

ここからは少し長くなりますが、初マラソンの様子を書かせていただきます。

スタート地点には二万人近い参加者がびっしり並び、いよいよスタートです。「スタート直後、もうゲスト・ランナーの川内優輝選手は見えません」のアナウンスから約六分後、やっとスタートできました。

マラソンの先輩方からの「最初はゆっくり入ってください」の言葉も頭に入れ、ゆっくり、楽しく走り出しました。人が多くて速く走れない状況でもあったので、このペースで進むも日ざしが強く感じます。

最初一〇キロは標高一〇〇メートルの上り坂ですので、かなり汗をかきましたが、登り着くと、お待ちかねの下り坂となり、沿道の子供たちとハイタッチをしながらの快走です。一五キロ付近でまた上り坂となり、これは辛かったですね。

それを過ぎた頃、何やら足に違和感が出始め、少し気にしながら二〇キロ付近で早目のストレッチをしようと立ち止まり、屈伸をしようとした瞬間に太ももが吊る感じ。「これはやばい、吊ったら終わり。このまま静かに進もう」とペースダウンです。

それでも中間点を想定内のタイムで通過しましたが、やはりもう走れません。とりあえず前に進もうと思いますが、それでもゴールまであと二〇キロあります。

二八キロ付近、「目標五時間切り」、「娘の初マラソンの記録に勝ちたい」などと色々な欲が頭をよぎっていました。沿道の中年女性が私に「がんばれー」の声援を送ってくれました。そして目が合った瞬間に、「そんなこと言っても頑張れないわよね」と切なくも優しい言葉に、何故か目から汗が止まりません。ここまで沿道のおもてなしで進んでこられたのに、ひどいしかめ面をしていたのに気づき、なんだかすっきりと気持ちが入れ変わりました。

「よし、沿道の人には笑顔で、おもてなしもありがたくいただきながら前に進めば、いつかゴールはやって来る」と思い、再スタートです。

しかし、三〇キロを超える頃には、今まで経験しなかった腕の痛みが始まり、腕が上がらなくなってきました。それでも笑顔で、下り坂を「直立走り」です。

あとは走るというより早歩きで進みますと、三五キロ付近では東国原宮崎県知事（そのまんま東）の応援に励まされ、その先の上り坂では腰の曲がったおばあちゃんに抜かれて驚くも、「すごい人がいるな～」と、もう笑いしか出ませんでした。

それでも、自家製梅やバナナに飴玉、サツマイモ、空豆、そんな温かいおもてなしに、地元の人との会話も弾み、感謝しながら少しずつ進みます。

四〇キロ付近では、噂に聞いていたお待ちかねの「負けないで」の生演奏が聞こえてきます。ボーカルのひげ面のお兄さんに手を振りながら、歌詞の内容ににジーンと込み上げてくるものが。さらに、その先では子供バンドが「愛は勝つ」を熱唱してくれていました。

初マラソン感謝のゴール

そして残り一キロを迎えると、妻の姿が見えました。嬉しいやら恥ずかしいやら、しっかり最後の応援を受けラスト・スパートを決めて、「無事生還」という感じでした。

初マラソンのコースとしてはかなりタフなコースでしたが、沿道の応援、おもてなしは感動の連続でした。間違いなく、初マラソンには最高のコースだと実感しました。

そして、四二・一九五キロ先に見えたものとは、よくマラソンを人生にたとえる人がいますが、私もそんな印象を受けました。

まずは、一週間前のインフルエンザです。人生でも新たなことを始める時は、しっかり準備が必要ですよね。今回も過酷なマラソンに挑むためにしっかり準備はしてきましたが、正月休みに入っての気の緩み、めでたい酒もいっぱい飲もうと思うこの詰めの甘さが、私の人生そのものなのです。

物事がスムーズに進んでいかなくなることが起こるのがこの世の中ですね。まさに今回のマラソンも想定外のことばかり起きました。それでも、前に進むことを諦めなければゴールにはたどり着くということを、身をもって感じました。

また、マラソンは「孤独なスポーツ」と言われますが、どこか経営者の心情にも通ずるものがあります。今回のマラソンも途中まではそんなことを思っていましたが、二八キロ付近で中年女性に掛けられた言葉で、ふと気づかされました。沿道からの長時間の応援、たくさんのおもてなしで選手を励ましてくださる姿を見て、「たくさんの人に支えられて今の自分があるのだな」と感じることができました。

本当に感謝・感謝・感謝です。

そして、「経営者は孤独」、そんな言葉も私の中から消え去りました。多くの人に支えられながら仕事ができていることに、やっぱり感謝です。

まだまだ思うことはたくさんありますが、初マラソンを完走して最後に仕事スイッチが入ったのが何よりでした。

ずいぶん初マラソンの話が長くなりましたが、このような感動から、マラソン大会出場を目標にジョギングも習慣となり、福岡マラソンや北九州マラソンにも出場、さらに翌年、二度目の〝いぶすき〟では四時間五十分五十八秒とサブフィフ（五時間以内で走り通すこと）でリベンジも果たし、二〇一五年から八年間で十回のフルマラソンに出場しすべて完走しました。そして二〇二三年に十一回目のフルマラソンに挑戦しました。

還暦を迎える年にフルマラソンは卒業しようと考えていましたので、二〇一六年に自己ベストを出した縁起の良いコースで悔いなく走ろうという思いから、走り納めを「北九州マラソン」と決めての出場です。

結果は見事にベストタイムを約四分更新するというおまけ付きで、有終の美を飾ることができました。

お陰さまで現在まで健康な生活を送らせていただいていることを何よりも嬉しく思いますが、

「身体は借り物」とも申しますので、これからは無理をせずに健康管理に努めていきたいと思います。

そして、健康な体に生んでくれた母に改めて感謝したいと思います。

3　同窓会からのご縁

二〇一四年八月、三十六年ぶりの再会です。一九七九（昭和五十四）年三月に中学校を卒業して初めての「同窓会」ということで、全員が五十歳か五十一歳になっています。

第一部は体育館集合で、私は幹事になり受付をしていましたが、顔を見ても名前を聞くまで誰だか分からない人が多く、当然、相手も私が誰だか最初は分からないようでした。

ほんの数名、見た瞬間に分かる人もいましたが、やはり三十六年の歴史を感じさせるスタートとなりました。

今回は名簿もなかったので、口コミで二八〇人の卒業生より約七十名の同級生が参集してくれました。

先生方も七クラス中、五名の担任と四名の副担任の先生に出席いただきました。当然、先生方も歳を召されていましたが、元気なお顔を拝見でき、とても嬉しかったです。ただ、私たちの担任のA牧先生はすでに他界されていて残念でした。

さて第一部ですが、クラスごとに着席し、「学年集会」です。

生徒会長の挨拶から始まり、先生を代表して二組担任のA吉先生の話、それから学生の頃のようにクラスごと担任の先生より出席を取っていただき、先生方皆さんと再会の握手を交わした後は、クラス写真の撮影と進みました。それから、ピアノ伴奏に合わせ「校歌斉唱」、「ふるさと」をみんなで合唱し、最後に全体写真を撮り、第一部を終了しました。

当時のままの体育館でしたが、「こんなに狭かったかなぁ」とみんなが言っていました。私も同感でしたが、きっと私たちが大きくなったのだろうと思いました。

それからバスに乗り込み、第二部の親睦会場へ移動です。

会場の国民宿舎ではクラスごとにテーブルに着席。生徒会副会長の乾杯の音頭に始まり、歓談が始まると、十分もすればもう中学生の頃にタイム・スリップした感じです。あちらこちらで話に花が咲いていました。

しばらくして、先生方に近況を発表していただいた後は、各クラスの卒業アルバムのスライドを見ながら、出席している生徒を当てるゲームを行い大盛り上がりでした。先生も予習をしてきていたようですが、みんなずいぶん変わっていますので、なかなか分からないようでした。

実行委員長H君のナイスな企画で盛り上がりました。

なぜか私が締めの挨拶と「万歳三唱」を行いまして、第二部を閉会しました。

それから二次会も同じ場所で部屋を変えて行いましたが、ほとんどの人が残り、懐かしい話に花を咲かせていたようです。

今回の同窓会は、H君の行動力とリーダーシップで実現しましたが、統括してくれたのはまさに〝女子力〟で、女子の偉大さを感じました。

お陰で素晴らしい会となりましたが、目標を「還暦同窓会」と定め、それまでに多くの同級生に連絡が取れるよう、連絡簿の整備に努めることにしました。それにしても幹事の皆さんは本当にお疲れ様でした。


翌年には「野球部同窓会」が開かれましたが、メインは私たちが三年生の時に教職員就任二年目でコーチをしていただいたS先生の「退職記念祝賀会」でした。

私たちより一つ上の先輩から十世代のお世話になった面々が総勢八十九名参集しました。翌年の三年目からは、監督に就任されて九州大会常連校となり、福岡では有名な指導者になられていましたから驚きです。

そして、この機会に三年間監督をしていただいたA先生にもお越しいただこうと思い立ち、祝賀会の前日、一つ上の先輩五人と私たち同級生六人でお会いしました。A先生は現在、M市で教育長をされているということで七十歳。私たちとちょうど二十歳違いですが、全然お変わりなくキリッとされていて、今でもゲンコツを落とされそうで怖かったです。

先生が卒業アルバムを持っていらしたので、それをみんなで見ながら盛り上がりましたが、当時の野球部は、私たちの学年では二十一人＋女子マネージャー一人でした。

今回、お世話役のH・H君（抜群の制球力のピッチャー）、キャプテンのA・K君（ピッチャーで四番）、この二人は中心選手で、かなり真剣に取り組んでいたので、色々な細かい思い出話をしていましたが、私はただただ感心するばかりでした。

それからセカンドのT・H君、柔軟で堅守、内野の要です。何故か彼が覚えているのは、めったに飛んでこないのにトンネルしたことと、二番バッターでバントばかり、「打った記憶がない」とも言っていました。

野球とは関係ない思い出ですが、A・M君とは二十歳の頃ドライブに行った話や、F・N君は当時いじめられて問題になったこと。さらに、どこでも守れる中心選手のO・N君は現在、整形外科の開業医。当時から医者になると言っていたので、やっぱりすごいです。

今回は同級生の三分の一程度の参集でしたが、全員集まるとどれだけ盛り上がるのだろうかと思いました。

ところで、メインの「S先生退職記念祝賀会」ですが、大変盛大に行われ、幹事の方は何度も打ち合わせされ大変だったろうと思います。

そこで進行役を務めていたのが、私が生まれ育った小さな村の一つ下の幼なじみT・M君です。幼少から一緒に遊び、中学校では先輩・後輩の仲でした。その彼が軽快なトークで祝賀会を盛り上げていました。

そんな彼が大学生の頃、「先生になります」と言っていたことを思い出しました。ちゃんと先生となりM市立G中学校の教頭先生に就任していたので、トークも軽やかなはずです。「立派になられましたね、おめでとう」

校長先生で退職されたS先生に、私のことは覚えていないだろうと思いつつ挨拶すると、「逃げ足の速い真武、久しぶり」と交わされました。そんなS先生、「樹で言えば根っこが大事。根っことは最初の出会い」と、深い意味が込められた言葉をいただきとても感銘を受けました。

そして忘れもしない、初めて博多のデパートでハンバーグ（初のフォークとナイフで）をご馳走になった優しいF本先輩とお母さん。平和台球場へ野球観戦にも連れて行ってもらいました。17四死球を出し「1－0」で勝った剛速球の左ピッチャーで、一つ上のキャプテン（今回の実行委員長）F嶋先輩。高校でも野球部先輩、小さな消防士Y先輩と、「チャッピー」（ヤマハの小型バイク）で走り回っていたT先輩。学年幹事のH・H君とはプロレスや野球観戦によく行ったなど、思い出話に花が咲きました。

最後に、セカンドを守っていたＮ・Ｍ君。私の家に遊びに来て離れの部屋（納屋の二階部屋）で遊んだ思い出話をした後、卒業後のことを聞くと、地元の名門Ｓ大を出られ、現在は弊社メインバンクの本店勤務で、ＯＢ会後、すぐに担当支店より挨拶に来られたからビックリです。繊細な配慮に感謝しましたが、次回会う時は「Ｍちゃん」と気軽には呼べないですね。

そんな色々なことが蘇った中学校野球部のＯＢ会、Ｓ先生の言葉のように、私も樹の根っこを大事に精進していきたいと思います。

最後に、高校時代を振り返ると――。

部活、体育祭、マラソン大会、修学旅行などありましたが、色々なことに興味津々の思春期は、あっという間の三年間だったような気がします。

そして、同窓会で今でも盛り上がる話が、修学旅行での出来事です。

修学旅行は、長野県の志賀高原へ、寝台列車で行くスキー旅行でした。スキーの思い出話はほとんどなく、いつも話題に出るのが寝台列車での出来事でした。男ばっかりの学校なので、いつも出てくるのは女子の話ばかりでしたが、空手部だったＹ君の話によると、私は「女子大生の寮に遊びに行ってきた」とか「女子高生とパーティーをしてきた」などと、本当か嘘かよく分からないような話ばかりしていたらしいのです。

そんな私が修学旅行の帰りの寝台列車で声を掛けたのが、名古屋から九州に旅行中の女子大生二人組でした。友達を連れて彼女たちの寝台席でしばらくおしゃべりし、自分たちの車両に戻って、楽しかった出来事をニコニコしながらY君に話したようです。

すると、それから入れ替わり立ち替わり女子大生の車両へ人だかりの大騒ぎになり、最後は、騒いでいる生徒が先生に見つかり、学校に戻ってきついお叱りを受けることになったようです。

そんな話を今になって面白おかしく話すY君ですが、よく覚えているなと思いつつも、話をまとめると、高校時代の私は女の子の話ばかりして、人の話は聞かない体育会系の男子だったようです。

長々と同窓会の出来事を書いてしまいました。読まれた方にはどうでもいいような話ですが、この同窓会が開催されたのは五十歳頃からで、当然ですが皆さん同じ年月を生きてきています。そして、それぞれが色々な経緯を持ち、色々な職業にもついています。考えてみますと、これだけ心を開いて話せる異業種交流会はあるでしょうか。お互いの仕事の相談から、さらに人間関係の広がりもありますが、共通の知り合いも登場してきますので、「世の中は狭いね」というような話にもなります。また、経営者の同級生も多くいますので、経営相談ができる相手が増えました。もちろんプライベートなお付き合いから仕事の依頼や紹介もいただき有難いことです。

さらに先生方からは多くの教えを頂戴します。高齢になった先生が多いのですが、常に前向きな姿勢や言葉から気付かされることも多く、経営者としても勉強になります。さらには先生のご自宅の庭の手入れに入ることもありますので、ますます恩師とのご縁が深まって嬉しく思います。

同窓会を通じて、色々な意味で良いご縁がパワーアップしたことは間違いありませんね。

4　野球は素晴らしい！

これまでも触れてきましたように、小学生の頃から野球が好きになり、学生時代の野球から趣味の野球、それからソフトボールに転向して長い間プレイヤーとして楽しんできましたが、まさかの四十四歳での新設野球チーム入部です。ベンチの温め役かと思いきや、レギュラーでフル参戦することもありましたので、少しその話題に触れたいと思います。

行きつけの居酒屋で草野球チームを作ろうという話が盛り上がり、話はトントン拍子に進み、廃部しそうなチームがあるからそれを引き継ごうということになりました。

後日、私も発足メンバーに入り、前チームのメンバーと道具なども引き継いでゼロからスタートしようということで、監督がチーム名を「ZERO」と命名しました。

監督は元プロ野球選手の出口雄大さん（4／巨人―ホークス）で、リーグには所属せず、大会オンリーのチームでスタートしました。

草野球チームなのに、元プロが四人に、名門校出身のスラッガーも何人か入部し、優勝間違いなしと思っていましたが、なかなかそうはいきませんでした。発足当時、一〜二回戦は何とか勝つも、三回戦以上進んだことはありませんでした。私がレギュラーですので納得する部分もありますが、他にも勝てない理由がありました。

元プロを含め硬式野球出身のバッターは、軟球が上手く打てませんでした。見ていると、ボールがつぶれてトップフライばかり。ファウルも桁違いで、たまに場外ホームランも飛び出して驚きますが、私のような微力のバッターの方がよくヒットが出たりしていました。

さらに圧巻はピッチャーです。当時、ホークスを退団したばかりの岡本克道投手（45／ホークス）が入部してすぐの大会、忘れもしない名島《なじま》球場（名島運動公園野球場）での試合です。

キャッチャーも前年度の福岡県高校野球大会準優勝校の正捕手でしたが、軟球では切れのあるスライダーがさらに切れすぎて、うまく捕球できませんでした。ヒットは打たれませんでしたが、パスボールで「0－2」の敗退です。

恐るべしプロの切れ味と思いましたが、バッターもピッチャーも、草野球は別のスポーツのように見えました。

そして、圧巻なのが監督の采配でした。終盤まで接戦で勝っている試合ですが、メンバー・チェンジが始まります。それは、上手な人からロートルへの交代でした。そして戦力ダウンしたところを付け込まれ、逆転負けが多かったのです。

逆にこれで勝つと、チームは盛り上がるのですが、野球を知り尽くした人が指揮を執ると、「野球を楽しむ」ことが最優先となることが分かりました。奥の深いスポーツですね。

その後八年位は楽しませてもらいましたが、チーム事情で解散となり、現在はぼちぼちソフトボールだけは続けています。

やはりプレイヤーとして楽しむのが一番ですが、野球は観るのも大好きです。

まず野球観戦と言えばプロ野球、ホークスをいつも応援して観ていますが、春夏甲子園で開催の高校野球も楽しみの一つです。ほとんどがテレビ観戦ですが、ホークスの応援では福岡ドームにはよく行きます。さらに親戚の子供が高校野球で活躍したり、知り合いの子供さんが大学野球や社会人野球に出場すると、応援に球場へ足を運ぶ機会も多くなりました。

そんな中、ソフトボールのリーグ戦に新入部員の見学者がやって来ました。何やら社会人軟式野球部の監督とのことでしたが、退任の時期も近づいてきているので、ソフトボールにシフトしてプレイヤーとして楽しみたいということでした。

いつもギリギリの人数で試合をしているので大歓迎でしたが、なかなかのレベルの高さに圧倒され、少し躊躇しながら入部したことを思い出します。

それでもすぐにみんなと意気投合して、チームの雰囲気も良くなりました。お酒も大好きで、私とはすぐに飲み友達にもなりましたが、私の方が少し人生の先輩ということで、色々な相談も受けるような仲になりました。

そしてある日、「ずっと野球に携わる仕事をするのが夢ですが、サラリーマンでは無理ですよね」と言うので、私はいつもの調子で「夢は念じていれば叶うものですから、諦めずに思い続けてください」と、飲みながら力説したようです。

すると、それから一年位経った頃に彼から連絡があり、「会社にまさかの硬式野球部が発足することになり、マネージャーの任命を受けることになりそうです」と言うから驚きました。こんなに早く夢が実現するなんて誰が思ったでしょうか。

それからは、社会人全日本でも監督を務められた方や、高校野球で全国優勝経験のある監督などが続々と監督、コーチに就任され、その中で友人はマネージャーとなりました。

当初、球場は用意されていましたが、新入部員を迎える前に監督、コーチ陣で再点検するとまだまだ準備することがたくさんあり、マネージャーに指令が行くとすぐさま、以前から

「困った時のマタケさん」でしたので呼び出され、スタッフの皆さんとメジャーを持って走り回り、一緒にグラウンド作りをさせていただきました。

環境整備などでいつもグラウンドに足を運ぶことで、選手たちとも仲良くなり、まさに私の子供世代でしたが、私には娘しかいなかったこともあり、自分の息子たちのような気持ちで応援するようになりました。

時には、入社前にアルバイトがしたいと言う子を預かることもあり、本当の子供のように思えて応援にも力が入りました。

西部ガスの新グラウンド

そのチームこそ「西部ガス硬式野球部」です。現在は人工芝の立派なグラウンドに変わりましたので、整備の用事はほとんどなくなりましたが、選手への差し入れはもちろん、大きな大会はほとんど応援に行っています。

そのようなことから、社会人野球などに全く興味がなかった私が、今ではプロ野球以上に応援に熱が入っています。

また、プロ野球選手では、毎年、西部運動公園で行う野球イベントにおいて「ホークスの若鷹」に参加いただいています。すでに十年以上行っていますが、その時は無名の選手もこのイベントに参加すると出世する、と言っても過言ではないぐらい後に活躍されています。

参加した子供たちにとっても、触れ合った選手が活躍するのは嬉しいに違いありません。私も彼らの成績を気にしながら応援にも力が入ります。

しかし、このようなイベントを行うと、あっという間に定員になりますので、やはり野球人気の偉大さを感じます。

西部運動公園での野球教室

そのようなことを感じる中、今までに多くの野球関係者に出会い、色々な話を聞き、様々な角度から野球を見てきて、奥の深いスポーツであることは確かですが、野球経験者でその後の人生を大きく好転されている方もいますし、単にスポーツだけでは終わらない、様々な教訓があるようにも感じます。

私にはたいした経験はありませんが、このようなご縁の中から、野球というスポーツを通じて、将来私にできる社会貢献などはないかと常々考えています。野球って本当に素晴らしいですね。

5　人生に影響を与えてくれた人

誰にでも、人生に影響を与えてくれた人は何人かいると思いますが、当然ながら私にも何名かの人がいます。

まずは、その中でも大きな影響を与えてくれたのは義父です。

義父は建具職人として若くして独立し、全盛期にはたくさんの職人さんを抱え、一代でしっかり財も残した成功者です。そんな人でしたので、私にはとても学ぶことが多かったです。

尊敬する義父と義母（義母の内助の功に感動し妻との結婚を決めました）。

実の父が他界し、造園の道を歩み始めて一年が過ぎた頃、「将来、娘さんと結婚をしたい」と伝えたことがありましたが、「石の上にも三年、しっかり技術を磨いてからでも遅くない」と的確な言葉をいただいたのを思い出します。

そしてしっかり三年の修業を積み、結婚に快く承諾していただきました。

それからは実の父のように色々と相談に乗っていただきましたが、義父は幼少の頃より大変苦労されたようで、家計を助けるためにも早く職人として独り立ちしなければいけないと考え、人の何倍も働いて独立したとのことでした。私が独立願望を話すと、「人より何倍も努力することと、辛抱すること」と教えてもらいました。

また、義父は全くお酒を飲めませんが、お客さんや職人さんを誘い接待をする時は、一円たりとも払わせたことはなく、徹底した「おもてなし」をされていました。私も何度か同行しましたが、本当に義父の心遣いは素晴らしかったです。

一方、仕事の無駄は嫌い、私生活でも贅沢をすることはありませんでした。私のようにすぐ調子に乗るタイプはダメですね。

そして徹底していたのが、「仕事の安売りはしない」。高い技術力で、「あなたに仕事を頼みたい」とお客さんに言われる仕事ぶりでした。

「人の何倍も働いて、徹底したおもてなし、圧倒的な技術力で差をつける。さらに、辛抱して調子に乗らない」

今思えば、「徹底した弱者の戦略」だったのです。

そのように義父は、素晴らしい職人であり、素晴らしい経営者だったのですが、少し早く最後を迎えました。

自宅にて七十三年の生涯を全うした日のことです。仕事が終わり駆け付けた私の手をしっかり握り、「これからのこと、頼んだよ」と深い言葉を掛けられました。そして集まったみんなに、「昨日逝くはずだったが、また皆に集まってもらって申し訳ないので、お詫びに寿司でも取ってみんなで食べてくれ」

と、最後まで家族に対しても「おもてなしの心」で気遣いを見せてくれた素晴らしい義父さんでした。

義父が他界して数年が過ぎ、十五年引っ張ってきた会社をさらに良くしようと頑張っていましたが、待ったが掛かり、継続するための交渉が始まりました（第4章「6 意思決定するのが社長の仕事」）。精神的にも苦しい時期が続きましたので、本を読んだり、お寺に行ったり、心のよりどころを探していました。

そんな時、妻が一冊の小冊子に感銘を受け、私にも紹介してくれました。それは、講演筆録『五日市剛さんの　ツキを呼ぶ魔法の言葉』（とやの健康ヴィレッジ）でした。

さらに、その方の講演もあるというので、すぐに申し込み、妻と一緒に行くことにしました。講演もまさにこの冊子の内容で、五日市さんが学生時代にイスラエルを訪れ、そこで出会ったおばあさんとの不思議な体験から「言葉の大切さ」を学び、それを実践することで運が良くなり、幸せな人生を掴むという話でしたが、当時の私には心に突き刺さる内容でした。

「ツキを呼ぶ魔法の言葉」とは、嫌なことがあったら「ありがとう」、良いことがあったら「感謝します」と言いましょう。

「ありがとう」は、「災い転じて福となす」という言葉があるように、どんな不幸と思われる現象も幸せと感じる状況に変えてくれる。

「感謝します」は、実際に良いことが起きれば使いますし、将来のこともイメージして言い切ると、本当にそうなるから不思議な言葉です。

それから、「ツキが吹っ飛ぶ使ってはいけない言葉」もあります。それは、汚い言葉で、「てめー」とか「死んじまえ」とかです。人の悪口に、人を怒ってもダメ、怒れば怒るほど積み重ねたツキが無くなるそうですから、とにかくきれいな言葉を使いましょう。

このような内容について、成功事例を交えながら五日市さんは話をされました。

さらに、嫌なことがあったら頭の上で手を振り払うように、「キャンセル、キャンセル……」と言い、それからの良いことに転じると、「ついてる、ついてる……」と言います。まさに人生ポジティブ・ライフで行きましょうという感じでした。

ということで、私もすぐに実践しました。辛い打ち合せの前には、「ありがとうございます」を十回と「感謝します」を十回唱えて向かいました。

それからは「ありがとう」、「感謝します」、「キャンセル……」、「ついてる……」の連発で色々なことを乗り切ることができたと思います。

お陰さまで良い習慣を身につけることができましたが、会社継続の話し合いは私の思う方向には進みませんでした。それでもこれは「ありがとうございます」、「感謝します」ですね。

それからこの時期は、将来が見える和尚さんがいるお寺にも通いました。怖いくらい当たると評判となり訪れる方も多く、朝早くから並ばなければお尋ねしたいことが聞けない状況でした。私にとっては良い話をされることが多く、色々な学びがありましたので、心配事があってもなくても、しばらくは精神修養のために通わせていただきました。

お陰さまで「般若心経」も唱えられるようになり、今では朝の日課となっています。ここの和尚さんも私の人生に影響を与えてくださった方です。

ここまで、人生に影響を与えてくれた人を数名紹介してきましたが、書き上げていくときりがありませんので、特に節目節目にご縁のあった方を紹介します。

まずは、ピグマリオン効果でポジティブに育ててくれた祖母は言うまでもありませんが、いつも陰で支えてくれた母は、毎日肉体労働をしながら、厳しい社会の現実を教えてくれました。

さらに、言うまでもありませんが、〝天国からの監視人〟である父、兄姉、親戚など、身内からの叱咤激励はまさに出発点と言えるでしょう。

それから、小、中、高と学生時代もたくさんの先生が、道を外しそうになる私をきちんと修正いただき、社会に送り出していただきました。

社会人となり、初めて就職した会社の社長からは新社会人としての心得をしっかり教えていただいたにもかかわらず、三カ月で辞めてしまいましたが、やはりここが人生の出発点だと感じます。

二年間勤めた会社の皆さんは、未熟な私を愛情たっぷりに可愛がっていただきました。特に大阪本社で勤務した時の社長さんや協力会社の二代目さんには大変お世話になりました。

九州営業所に戻ると、学歴不問の中途採用の皆さんでしたが、とても会社の雰囲気が良く楽しい職場でした。経営する立場になった現在、参考になることがたくさん詰まっています。

それからナポレオン・ヒルの哲学を実践されていた社長との出会いは衝撃的で、私も何度もセミナーに行かされましたが、経営で最も大事な夢や願望の持ち方を叩き込まれた経験は、経営者としては一番影響を与えていただいたご縁だと思います。

そして、行きつけの散髪屋さんの紹介がなければ造園業に進むことはなかったのですから、これも大切なご縁です。

造園業の道に進み、尊敬する庭師さんをはじめたくさんの職人さんからは多くの技術を学び、また当時の社長からは設計から営業、現場職長に至るまでたくさんの経験をさせていただきました。後にこの会社の上司には独立に向けてのお手伝いをしていただくことになり、まさに造園業への足掛かりを作っていただきました。

そして、福岡進出へスカウトいただいた当時の営業部長（現社長）に、入社した会社では「結果こそがすべて」というくらい日頃は厳しい視線で社員を見守る社長。しかし結果を出してからは色々なことに親身に相談に乗っていただき、業界の役員もされていましたので業界活動での大事な心得なども教えていただきました。私の退社後しばらくして他界されましたが、私も今では役員になりましたので、いつも手を合わせては業界の報告をしています。

さらに当時の工事課長には、現在に至るまで経営基盤の重点業務になった、景観（造園）工事の測量から施工管理までをしっかり叩き込んでいただきました。

そして独立する時、新しい出発に援助くださった方々や、軌道に乗るまでの大変な数年間を支えていただいた皆さんには頭が上がりません。本当に感謝です。

経営者になってからはもちろんですが、ランチェスター経営の竹田陽一先生には大変お世話になっております。

それから、高校の先輩で福岡市に引っ越して来て最初に可愛がっていただき、家族ぐるみでお世話になりました造園会社の社長さんは、前社の退任後に第二創業者として私をリスペクトしてくださいました。

今の会社を発足させた時、これまで出会った多くの方々の出席により「励ます会」を開催していただきましたが、〝儀式〟を行ったことは大きな決断の節目となりました。竹田先生はじめ、発起人の皆さんには感謝でいっぱいです。

こうして書き連ねると色々な場面を思い出し、まだまだたくさんの人が出てきそうですのでこのへんにしますが、おそらくこれからの人生にも影響を与えてくれる人たちが続々と出てくるのだろうと思います。そのような方とのご縁を大切にし、これからも感謝の気持ちを忘れず精進していきたいと考えています。

最後に、いつも見守り支えてくれている妻が、私の人生に最大の影響力を与えてくれている人であることは間違いありません。

6 還暦

還暦という節目の出版に際し、この年の出来事や心境などを書かせていただきます。

年の初めに氏神様の香椎宮へ参拝に行きますと、「年男・年女厄祓祈願祭」の案内看板がありましたので、早速社務所に問い合わせをしました。

還暦ということは、年男でもあり厄年でもありますので人生の大きな節目と考え、まずは節分に行われる「厄祓祈願祭」で身を清めることにしました。

「節分」は、「季節の分かれ目」と書くように時期的にも節目となりますが、この節分（二月三日）は旧暦の大晦日にあたり、豆を撒いて一年の穢《けが》れを祓うという伝えもあるようで、厄除け祈願と豆撒き奉仕を同時に行うこの神事に私は申し込みをしました。

さて、当日は半被《はっぴ》を羽織り手水《ちょうず》で清めて境内へ向かい、厄除け祈願の方に加え地元の議員さんや氏子の方など関係者十数名が本殿に上がり祈願が始まりました。

ご祈禱を受けながら外を眺めると、すでに多くの参拝客が神事に参加されていましたが、目的はこの後撒かれる豆（福）をたくさんいただくことです。

香椎宮での年男・年女厄祓祈願祭にて。

豆を撒くのは、年男・年女の厄を祓い、福を招く意味があるということで、私もここでは初めての撒き手です。そして、さらにたくさんの人で賑わう中、撒き手とすれば角部の広範囲に撒ける良いポジションへ案内され、豆撒きの始まりです。

「鬼は内！　福は外！」と宮司さんの発声で始まりましたが、普通は「鬼は外、福は内」でないかと戸惑いながらも、たくさんの豆やモチを盛った大きな折敷《おしき》をいただいて、その折敷を五〜六杯は撒きましたので、参拝客にはたくさんの福をお持ち帰りいただけたと思います。

掛け声については、後でお尋ねしたところ、撒く場所を中心に考えてると、そこから外にいる参拝者に福を配ることで「福は内」、外の鬼（厄）を内に入れて、厄払いの祈願を行うことで、鬼（厄）を福に変えて参拝者に持ち帰っていただく習わしから「鬼は内」である、とのことでした。

祭典終了後に、撤下品《てっかひん》（神からのお下がりの品という意味で、厄除けのお札やお守など）をいただきましたので、自宅の神棚に祀り、厄年の一年を乗り越えて行くことになりました。

そのような年ですので、外に向けて活発に動くことは控え、静かにこの一年を過ごそうという思いで今回の執筆活動なども始めることにしました。

仕事においては積極的に動き回るというよりは、中長期の事業計画を立てるなど将来に向けた社内活動を中心に行うことにし、趣味の時間も少し増やせれば良いと思いながら、心身共に充電期間と考え生活するよう計画しました。

そのようなわけでマイペースに日々を過ごす一年にしようと思っていましたが、これまでの地道な努力が実を結んだのか、ただ運が良いだけなのかは分かりませんが、仕事も大変忙しくなり、さらに業界の新組織発足の準備や、社内のインボイス対策など大きな変革期を迎え、思いがけなくスケジュールが詰まっています。さらに目標としてきた「還暦同窓会」にも微力ですが幹事としてお手伝いすることになり、プライベートも充実の日々となりました。

そんな中、九月の誕生日を迎える頃には家族を始め業界の方々や友人、後輩と多くの人に還暦のお祝いをしていただき、幸せな日々を送らせていただきました。

改めて今日までのご縁に感謝する年となりました。

父は病気がちにも拘らずお酒が大好きで、最後は肝臓がんを患い還暦の年に他界しましたが、父の血を引いたお酒大好きな私には反面教師となり、お陰で摂生することを学びながら、還暦を迎えるまで元気に過ごすことができました。

還暦で他界した父（最後の正月）。私も還暦を迎えることができました。感謝します。

時代を考えますと、四十年前とは医療の躍進などもあり十歳位は寿命が違うかもしれませんが、これからは明石家さんまさんではありませんが「人生生きているだけでもまるもうけ！」という思いで、父の分まで健康で長生きをしようと決意を新たにしたところです。

そして、十月には母が百歳になりました。老人ホームにいる母にお祝いを兼ねて会いに行ってきましたが、元気な笑顔で出迎えてくれました。

私が還暦の報告をすると、四十歳で私を生んだ母が、「お互いに歳とったなぁ～」と笑いを誘い、喜びを分かち合うことができました。

母百歳。

元気に生んでもらった母に感謝し、両親から受け取ったバトンをしっかり繋げていけるよう、これからも精進して参りたいと思います。

還暦という節目を迎えましたが、まだまだ通過点です。今までお世話になった方への恩返しもしっかり行わなければなりませんし、次世代がより良くなるような仕組みも考えていかなければなりません。私自身も多くの目標を達成するために課題がたくさんです。

このように思考を深めていきますと、やりたいことは山積していますが、焦らずにできることから一歩ずつ進めていきたいと考えています。そして私からの「ピグマリオン効果」の発信も必要と考える歳となりました。

最後に、幾つまで元気で過ごせるかは誰にも分かりませんが、奇跡的にこの世に生を享け、生かされていることに感謝して、一日一日を大切に過ごし悔いのない人生にしたいと思います。

あとがき

最後までお読みいただきありがとうございます。

六十年の私の歴史も一冊の本にまとめるとあっという間ですが、末っ子のわがまま気質の私でも、少しずつの積み重ねと、節目での気づき、そして多くのご縁がここまで成長させてくれたと思うと、やはり感謝しかありません。

幼少から勉強は大嫌いで、社会人になるまで勉強した記憶は高校受験の時しかありませんでした。今まで多くの方と出会いお話をさせていただきましたが、幼少からしっかり勉強された方、特に大学まで勉強された方には社会人となった時に卓越した〝勉強脳〟が備わっていると感じました。同窓会の時に、学生時代に勉強ができて、社会人になっても優秀な友達から「小・中学校の頃、勉強を教えてあげればよかったね！」と今さら言われるぐらいですから、勉強嫌いだったのは明確です。

そして、社会人となり経営者を志すようになってからは、勉強をしなければ道が開けないということに気づかされるのです。ここに来て今まで勉強をしなかった自分を悔やむことになりましたが、前向きに頑張るしかありません。

ひとつの試験を受けるだけでも、勉強をしてきた人としてきていない人とでは、十倍の努力が必要と感じます。それだけ幼少時代からの勉強は大事だったのです。

しかし、今さら過ぎたことを悔やんでも仕方ありませんので、気付いた時からでも勉強を始めるしかないのです。私のような境遇の方はたくさんいると思いますが、自分の頭の弱さを棚に上げて努力しないのは良くないと思います。周りにはたくさんできる人が居て焦ることもありますが、もともと勉強をしていないのだから焦ることなく、「ウサギとカメの競争」のように積み重ねて勝つしかないと身をもって感じます。時には時間がないと言う人もいますが、強い意識を持って優先順位を考えれば、いくらでも時間は作れると思います。

私も多くの資格を取得しましたが、若い時に勉強をしていないのだから当たり前と思い、できる人の何倍も時間を掛けて取り組んできました。

さて、経営者としての勉強もしかりです。私は二十歳の頃に「ナポレオン・ヒルの成功哲学」を学んだのは良かったのですが、夢と願望だけでは経営はできません。

特に経営者を志してからは、多くの経営セミナーなどにも参加して勉強を進めますと、とても良い話も多いのですが、すぐに実行に移せるような話はあまりなかったような気がします。

そして、いよいよ打つ手が分からなくなった時に出合ったのが、「ランチェスター戦略」です。小さな会社に特化した経営戦略はとても勉強になりましたが、自社への落とし込みを始めると研究課題がたくさんありましたので、それからは他の経営セミナーに行くことはなく、「ランチェスター法則・弱者の戦略」の研究一筋で進めてきました。

ここでも頭の弱い私は理解するのに時間が掛かりましたが、「まずはやってみる」精神で少しずつ理解を深めてきました。まだまだ研究課題はたくさんありますが、漢方薬のように少しずつ効果が出てきていると思います。

私には二人の娘がいますが、長女は私と同じで勉強嫌いでしたので、何とか高校は卒業しましたがしっかり定職に就くこともなく二児の母となりました。実は彼女にも夢があり、三十歳から通信の美容学校に行き、美容師の国家試験にも合格しました。現在はマツエク（まつげに人工毛を装着する技術）に特化したサロン経営を目指して修業中です。

次女は、普通高校に進むも、その当時から将来はヘアメイクアーティストになりたいという夢があり、卒業後は美容学校に進み大手の美容サロンでしっかり技術を磨きました。サロン退職後、二児の母となり、色々な場面で施術を行いながらインフルエンサーとしてキッズヘアなどに特化し、多くのフォロワーさんに支持を得ています。現在は子育ての両立と今後の経営展開を模索しているようです。

長女の夫は塗装業で、父親の代から一緒に個人経営をしていましたが、父親が引退され跡を継いだところ、インボイス制度が始まることもあり、会社を法人化し経営者の道を歩み始めました。

次女の夫は、地場の銀行を退職し、後継者候補として弊社に入社し頑張っています。

紹介したように、娘に娘婿とこれからは子供たち全員が経営の道を志しています。そのようなことから昨年より家族で「ランチェスター戦略」の勉強会を始めました。手始めに月二回、三時間程度で八回行いましたが、やはり自身に落とし込むのはなかなか難しいようです。それからしばらく様子を見ていますが、少し経験をしてくると課題も見つかりますので、また時間を作って次の勉強に進みたいと言っています。

一緒に勉強をしますと、私も再勉強しなければ先に進みませんので、また新たな学びがあります。結局、勉強が嫌いだった私も「一生勉強」と思うようになりました。

そのようなことから、「まえがき」でも少し触れましたが、これまでお世話になった造園業界が発展するためには、次世代の社長さんがしっかり勉強をする必要があると思います。

そこで私ができることがあるとすれば、「ランチェスター戦略」を造園業に落とし込んできた経験を、分かり易く解説できる本が執筆できないかと僭越《せんえつ》ながら考えているところです。今一度勉強を重ねますのでもうしばらく時間が掛かると思いますが、これまでお世話になった造園業界や建設業界の皆さんに少しでもお役に立てればという思いで、これからも頑張って参ります。

真武弘延（またけ・ひろのぶ）

1963（昭和38）年，福岡県宗像市に生まれる。

1982年，福岡県立香椎工業高等学校を卒業。2年間のサラリーマン生活を経て，「ナポレオン・ヒルの経営哲学――思考は現実化する」の勉強会で刺激を受け，青年実業家を目指し独立するも数カ月で倒産。

借金を抱えつつ造園の道に進み3年で返済を終えると，この道での独立願望を抱き，1996年，既存の会社を継承することで目標を達成。我武者羅に働き経営状況の厳しい会社を軌道に乗せるも，次の打つ手が分からないでいた時，「ランチェスター戦略」と出合い，研究に取り組んで業績も向上したが，諸般の事情から社長退任と同時に退社。

2007年，再び会社継承をする形でマタケ造景株式会社を設立。軌道に乗せるまで時間が掛かるも，ランチェスター法則を実践し右肩上がりに業績も向上，福岡市造園工事CランクからAランクへ6年で達成。

2018年，新社屋へ移転，現在に至る。

マタケ造景株式会社

マタケ造景株式会社は，造園工事・土木工事などをしている企業です。防草対策・庭園工事・玄関周りなどに草花を植える植栽といった造園工事，屋上庭園・壁面緑化・公園整備工事といった景観工事などを行っています。その他にも，森林や農地を住宅地にするため土地を平坦化する宅地造成などの土木工事も行っています。1975年に前身である中尾造園が創業され，1990年に法人化により有限会社中尾造園に商号変更し，2007年にマタケ造景株式会社に社名変更をしています。

所在地：福岡市東区下原2－16－1
電話 092（661）6614

社長《しゃちょう》になりたかった僕《ぼく》が
小《ちい》さな造園会社《ぞうえんがいしゃ》の社長《しゃちょう》になるまで

❖

2024年2月13日　第1刷発行

❖

著　者　真武弘延。

発行者　別府大悟

発行所　合同会社花乱社
〒810-0001 福岡市中央区天神 5-5-8-5D
電話 092(781)7550　FAX 092(781)7555

印刷・製本　大村印刷株式会社

［定価はカバーに表示］
ISBN978-4-910038-87-2